词辨百话

曹志彪　何伟渔　著

上海咬文嚼字文化传播有限公司

上海文化出版社

出版说明

"咬文嚼字文库"是一套开放性的丛书。它以语言文字的研究和运用为主要内容，由上海咬文嚼字文化传播有限公司策划并组织出版。"慧眼书系"是其中的一个系列，在具体写法上，大致分为四个板块：

一是病例。一题一例或数例，它们来之于现实语文生活，又有差错的典型性。

二是诊断。就错论错，一语中的。明确指出错在哪里，错误性质，以及如何修改。

三是辨析。在要害处说道理，要让人知其然，还要知其所以然。

四是链接。由点到面，融会贯通，由此及彼，举一反三。

这套丛书力求体现出三个特点：

一是内容的针对性。不拍脑袋，不想当然，不玩概念，一切从语文生活的实际出发。

二是经验的实用性。要把话说到位，揭示语言中隐藏的规律，概括出一目了然的要点，让人看了能懂，懂了会用，而且记忆深刻。

三是解析的学理性。从一字一词入手，又不拘泥于一字一词，巧妙贯串文字学、词汇学、语法学的知识，以使全书具有整体感。

这套丛书特别适合三类读者阅读：

一是媒体从业人员。书中大量病例，也许会让他们有似曾相识的感觉。希望媒体人都能有一双善于咬文嚼字的慧眼。

二是中学教师。书中深入浅出的解说，可以成为中学语文教材的有益补充，直接应用于课堂教学。

三是高校文科学生。一册在手，轻松阅读，有利于完善自己的知识结构，更能训练出文字敏感。

这套丛书在阅读过程中，很可能出现三种情况：

一是如鱼得水，如遇知友，疑问迎刃而解，思路豁然开朗。这正是我们所期待的。

二是不时遇到障碍，感觉枯燥乏味。这时您千万要坚持一下。语言毕竟是门科学，离不开钻研二字，但只要闯过这道关，便会渐入佳境，悟到其中的妙处。

三是脑子中出现了问号，您不一定赞同书中的观点。这是读书的最高境界。我们愿意和您做进一步的讨论。

啰里啰唆，就此打住。让我们开始读吧。

目录

包含 | 包涵

[错例] 由于这次参加会议的人员较多，而我们在组织工作方面的经验不足，有一些照顾不到的地方，还请大家多多包含。

【诊断】

"包含"应为"包涵"。音近义混而致误。"含"和"涵"在古代都有"其中包容有"之义，"包含"和"包涵"有时也通用。但是在现代汉语中，这两个词已经有了各自不同的职能，应注意区分。

【辨析】

"包含"和"包涵"在使用中的主要区别在于：

第一，读音有所不同。尽管"含"和"涵"单字读音相同，但是用在"包含"和"包涵"中读音却有区别。前者读作 bāohán，"含"读本音；后者读作 bāo·han，"涵"读轻声。

第二，词义存在不同。在现代汉语中，两个词都是动词，但"包含"解释为"里边包括、含有"，"包涵"是"包容、宽容"的意思，常用于客套话，表示请人原谅。

第三，带宾语的情况不同。"包含"所带宾语多为比较抽象的事物，如"包含几层意思""包含三个错误"等。"包涵"一般不带宾语，常说"请包涵""多多包涵""多加包涵"等等，多用于自谦的客套话，即"包涵"的对象往往是己方，但后面不出现"我（们）"。

第四，重叠方式不同。"包涵"可以构成重叠形式"包涵包涵"，而"包含"一般不能重叠。

【正例】

①一代青年的力量决不是那个腐败的、脆弱的，甚至包含着种种罪恶的旧家庭所能够抵抗的。（巴金《家》）

②好在我们是至亲，不是外人，今后有啥事体，大家包涵点。（周而复《上海的早晨》）

链接："涵"与"含"

"含"为形声字，上声下形，本义为含在嘴里的意思。由某东西被包容在口中，引申为容纳、包括。"涵"也是形声字，左形右声，本义为水泽众多，引申为被水浸润、滋润，又由浸润渐渐引申到沉浸在水中的意思。于是"涵"有了包含、包容的意思。

"含"侧重某一东西作为相对独立的一部分被包藏在其中，而"涵"所包容的东西就像水渗入泥土中，无所不在。因此"含"仅指包藏其中，注重"形"。"涵"则有更多浸润渗入其中的意味，注重"无形"，它还用来构成"涵养""涵盖"等词语。

于是，在现代汉语中，"包涵"就专用来指在无形之中而又无所不在地包容、原谅别人过错，表示"包容、含有"的意思的任务就交给"包含"了。

爆发 | 暴发

[错例] 那天晚上，我心里憋着的怒火终于暴发了，像一头被激怒的狮子，冲着他哭喊叫骂，朝他身上扔东西。

【诊断】

"暴发"应为"爆发"。音同义近而致误。两个词读音相同，字形相似，而且意义相近，都含有"突然发作"的意思，容易用错。上例中表示愤怒的情绪猛烈地表露出来，应使用"爆发"。

【辨析】

"爆发"和"暴发"都是动词，它们之间的不同可以从下面两个方面去区分：

第一，侧重点不同。"爆发"通常体现由内而外的扩张性、迸发性，并展示出一种强大的力量，更强调猛烈的程度。"暴发"则表现为突然出现状况，更加强调事情发生的突然性。

第二，使用范围不同。当用于自然事物时，"爆发"使用范围较窄，而"暴发"使用范围较宽。"爆发"用于火山等猛烈爆炸式、迸发式的发生，"暴发"则常用来形容洪水、泥石流、疾病等的突然发作，如"山洪暴发""暴发禽流感"。当用于人的活动或社会事件时，"爆发"使用范围较宽而"暴发"使用范围较窄。"爆发"多用于战争、运动的发生等，如"爆发世界大战""爆发农民起义"，也用于力量、情绪、声音的猛烈发作等，如"爆发出惊人的力量""爆发雷鸣般的掌声"；"暴发"则只用于指突然发财或得势，带有贬义，如"一夜暴发""政治暴发户"。

【正例】

①太平洋战争已经爆发，美国同意在本土为中国训练高级飞行人员。（毕淑敏《北飞北飞》）

②孩子生下来八个月，她忽然心脏病暴发死了。（冯骥才《一百个人的十年》）

链接：说"暴"发

"暴"字在古代有两个义项与"暴发"有关。一是"猝，突然"。如《谷梁传·宣公二年》："灵公朝诸大夫而暴弹之，观其辟丸也。"王引之《经义述闻·春秋谷梁传》："暴者，猝也，谓猝然引弹而弹之也。"又如汉代王充《论衡·状留》："肉暴长者曰肿，泉暴出者曰涌。"（肉突然长多叫作肿，泉水突然冒出叫作涌。）二是"急骤，猛烈"。如《诗·邶风·终风》："终风且暴，顾我则笑。"毛传："暴，疾也。"又如《史记·项羽本纪》："自我为汝家妇，未尝闻汝先古之有贵者。今暴得大名，不祥。"（自从我做了你的妻子，从来不曾听说你祖上有什么富贵的，现在猛然间出了大名，是不吉利的。）这两个义项是相通的，可以合二为一。

本意｜本义

[错例] 让不同群体在社会共同体中共生共存，共同发展，实现不同阶层、不同群体的社会妥协、社会包容和社会融合，这正是人人共建、人人共享的和谐社会的本意。

【诊断】

"本意"应为"本义"。音同义混而致误。因两个词读音相同，而且"意"和"义"可以连用构成一个词"意义"，所以误用"意""义"，造成了错误。

【辨析】

"本意"和"本义"的"本"都有"原本"之义。既然是原本的，那么就不是现在的，或有所变化，或有所隐藏，难以一眼看出来，还需追溯探究才能发现。这是它们的共同之处。但它们是两个意义根本不同的词，其主要区别表现在：

第一，"意"和"义"的语素义不同。在"本意"中，"意"是人的言行背后没有显现出来的"意图、意愿、想法"等，"本意"即原本的意图。"本义"中的"义"表示"含义、意义"，"本义"就是指本来的含义或意义，在表示词语的原本的意义或较早的意义时，是跟引申义、比喻义相对的。

第二，主观与客观的不同。"本意"往往指当事人的主观想法或打算，相当于"本心"，因此常用于人的语言、行动、想法等方面，如"他的本意是好的"。"本义"是客观存在的含义，因此比较多用于解释语言中的字词句，如"兵"的本义是"武器"。

【正例】

①方举人因为他是献忠的军师，特意把林大人这次来谷城的本意告诉了他，嘱咐他帮助献忠查听李自成的下落，将自成捉到，建立大功。（姚雪垠《李自成》第十七章）

②每一个方块汉字是都有它的意义的，现在用它来照样的写土话，有些是仍用本义的，有些却不过借音。（鲁迅《花边文学·汉字和拉丁化》）

链接："意"义

"意"是个会意字，从心从音，本义为心志、心意。《说文解字》："意，志也"，《春秋繁露·循天之道》讲"心之所谓意"，这都告诉我们，"意"本来就是人的主观意志。现代汉语中，许多由"意"构成的词，如"意见、意料、意念、意气、意识、意图、意外、意向、意愿"等，都和人的主观想法有关。

必需 | 必须

由于我市餐饮业竞争加剧，不少企业只顾赚钱，不注意饮食卫生环境的维护，缺乏必须的卫生设施，食品卫生条件极差，因饮食卫生发生的餐饮纠纷事件也时有发生。

【诊断】

"必须"应为"必需"。音同义近而致误。两个词读音相同，含义相近，但在使用的时候还是有很大区别的。由于口语中不必刻意区分（读音相同，口语不可能区分）也无碍使用的原因，导致了人们在书写的时候也经常混用。

【辨析】

"必需"和"必须"都含有"必要"的意思，它们的区别在于：

第一，侧重不同。"必须"强调事理或情理上务必做到某种程度。例如："每位员工都必须恪尽职守。""必需"为"必须需要"的缩略，强调作为条件一定要具备，必不可少。例如："懂得现代科技的新型农民是新农村建设必需的人才。"

第二，词性不同。"必须"是副词，多作状语。一般用在动词、形容词之前。例如："我们必须努力工作，争取更好的成绩。"也可以用在分句前面。例如："必须三个人一组，否则不能通过。""必需"是动词，表示一定得有，不可缺少，主要作定语或作谓语。例如："由于必需的原料价格上涨，食用油的生产成本也不断攀升。""空气和水是每个人所必需的。"

第三，语气不同。"必须"带有比较强烈的命令语气、强调语气。例如："你必须去办公室把这件事情说清楚。""必需"则语气稍弱一些，为一般语气。

第四，构词能力不同。"必需"有构词能力，可以构成"必需品""必需物资"等，"必须"则没有构词能力。

【正例】

①两个月前跟老太爷同来的二十八件行李中间有一个宣德炉和几束藏香——那是老太爷虔诵《太上感应篇》时必需的"法器"，现在四小姐也找了出来。（茅盾《子夜》）

②在外，至少必须有几十亩膏腴的田地，在家，必须有几间幽雅的书斋；就是流寓上海，也一定得生活较为安闲，在客栈里有一间长包的房子，书桌一顶，烟榻一张，瘾足心闲，摩挲赏鉴。（鲁迅《小品文的危机》）

链接："需"和"须"

"须"单独用时有"一定要"的意思，用在动词前，具有副词的明显特征，例如"入学须知""游戏须知"；而"需"是动词，有需要、需求的意思，有时更指需要用的东西，例如"军需""供需""内需"等。明白了两者的区别，运用时就能举一反三。除了"必需"和"必须"之外，还有"需要"和"须要"，"不需"和"不须"，都可以根据"需"和"须"的区别加以辨别，以避免错用。

不齿│不耻

[错例] 今年夏天在某市举行过一次"防汛救灾演唱会",但省民政厅至今尚未收到演唱会一分钱救灾款。义演不义,中饱私囊,打着"义演"的幌子却无分文救灾,这种行为早已为人们所不耻。

【诊断】

"不耻"应为"不齿"。音同义混致误。"耻"和"齿"读音相同。"不耻"和"不齿"都是古代汉语的遗留用法,意思完全不同。

【辨析】

"不齿"与"不耻"的区别具体表现在:

第一,"齿"本来是名词,指牙齿。后由"牙齿"引申为"平列,列为同类",作动词。"不齿"就是"不愿与……同列""不愿提及"的意思,一般用来表示鄙视、瞧不起某人。"耻"原本是个形容词,有屈辱、羞愧、可鄙的意思。在古汉语中"耻"有时被活用为动词,作意动用法,有"以为耻,以为可耻,以为是耻辱"的意思。"不耻"中"耻"就保留了意动用法,意思是"不以……为耻",如"不耻相师"(韩愈《师说》)就是不以互相学习为耻。

第二,"不齿"前边可以和"所"或者"为……所"结构连用表示被动,构成"(为)……所不齿"。如:"为人所不齿""世人所不齿"等。"不耻"前边不能加"所"。

第三,"不齿"后边一般不接宾语,如果要接就必须在所接宾语前加"于"，构成"不齿于……"。如："不齿于人类""不齿于人"等。"不耻"不能单独作谓语，后边一般带上宾语，构成"不耻……"，表示"不以……为耻"的意思。如："不耻下问""不耻最后"等。

第四，"不齿"是贬义词，"不耻"是中性词。

【正例】

①还有茶商盐贩，本来是不齿于"士类"的，现在也趁着新旧纷扰的时候，借刻书为名，想挨进遗老遗少的"士林"里去。（鲁迅《热风·所谓国学》）

②《韩非子》说赛马的妙法，在于"不为最先，不耻最后"。（鲁迅《华盖集·最先与最后》）

链接："齿"的引申义

要正确理解并使用像"不齿"这样的词语，弄清楚"齿"的引申义的来龙去脉还是很有必要的。

在古代，"齿"本指门牙，后泛指牙齿，为名词。后来，引申为所有齿状排列之物，如古代以竹木所刻的用来计数的工具、木屐的齿钉，等等。

再进一步抽象引申为同列、同辈，作名词。例如，唐代柳宗元《上大理崔大卿应制举不敏启》中说"游于朋齿"，就是与朋友们交往。又引申为并列、引为同列，作动词。《左传·隐公十一年》："寡人若朝于薛，不敢与诸任齿。"杨伯峻解释"不敢与齿，谓不敢与并列"。还引申为提到、说及，表示重视。《陈书·任忠传》："不为乡党所齿。"这里的"齿"就是提及的意思。于是"不齿"就指不愿意提到，不与同列，表示鄙视。

不负众望｜不孚众望

[错例] 在第14届亚运会女子100米蛙泳比赛中，名将罗雪娟不孚众望，以1分06秒84的成绩刷新了亚洲纪录，并且为中国队再添一金。

【诊断】

"不孚众望"应为"不负众望"。音近义混而致误。尽管"不孚"与"不负"音近，而含义大不相同。如果未把握关键字"负"和"孚"的含义，就可能误用。

【辨析】

因一字之差，"不负众望"与"不孚众望"的意思迥然不同，主要表现在：

第一，含义相反。"负"，义为违背、背弃，再引申为辜负、对不起，"不负众望"就是不辜负大家的期望。"孚"原义是"信用，信任"，"不孚众望"的意思是不能得到大家的信任。一个是不辜负大家，一个是得不到大家的信任，意思截然相反。

第二，侧重不同。两个词都围绕着众人的期望来说，"不负众望"侧重于接受重托或使命，结果完成得非常理想，令大家满意。"不孚众望"侧重于因辜负大家的期望而得不到大家信任。"不负众望"侧重在完成某一特定使命后的评价，"不孚众望"更倾向于对于某人一贯表现的评价。

第三，感情色彩不同。"不负众望"是褒义的，用于赞扬和肯定评价，其反义是"有负众望"。"不孚众望"是贬义的，用于批评和否定评价，其反义是"孚众望"或"深孚众望"。

【正例】

①据说教练是在意大利球迷的强烈呼声中才决定启用这位新星的。巴乔果然不负众望，旗开得胜。（铁凝《门外观球》）

②妙雨道人虽是终南弟子，但却不孚众望，怎能做终南一派之掌门？在下有鉴于此，不知各位意下如何？（古龙《飘香剑雨》）

链接：说"孚"

孚，本来的意思是"孵化"，古文字形，像禽类伏在卵上孵化的样子。《说文解字》："孚，卵孚也。从爪，从子。"例如宋代张载《正蒙·中正》："子而孚化之。"王夫之注："子，禽鸟卵也；孚，菢也。"菢，就是孵化的意思。后来"孚"引申为信用，如《诗经·大雅·下武》中有"永言配命，成王之孚"句。

对于这一引申义的来历，有两种解释。一是徐锴《〈说文〉系传》："孚，信也，鸟之孚卵皆如其期，不失信也。"二是段玉裁注《说文解字》中"孚，信也"："此即'卵即孚'引申之义也。鸡卵之必为鸡，鸭卵之必为鸭，人言之信如是矣。"

徐锴说是因为鸟孵卵都按照固定的时令进行，不随便乱来，因此引申为信用、诚信。段玉裁则认为，之所以有这样的引申，是因为鸡卵一定会孵出鸡，鸭蛋一定会孵出鸭，结果不会随意改变。尽管解释有所不同，但他们都从禽鸟孵化小鸟的道理出发，告诉了我们"孚"由"孵化"引申出"信用、诚信"的根据。

不以为然｜不以为意

[错例]妻子多次叫人催他回家，说他孩子病了，发高烧，他却仍不以为然，继续和那帮人搓着麻将。

【诊断】

"不以为然"应为"不以为意"。形近义混致误。日常使用中人们偏好用"不以为然"，加之对"不以为意"缺乏准确理解，往往该用"不以为意"的地方也以"不以为然"代之。由于对两个成语的意义没有加以分辨，导致了误用现象。

【辨析】

"不以为……"是文言结构，表示"不认为……""不把……当作（看作）……"的意思，一个是不以为"然"，一个是不以为"意"，它们的主要区别表现在：

第一，使用的场合不同。"然"，表示"是"或"对"。"不以为然"，不认为是对的。常用于对某一问题发表看法或观点的时候，表示不同意或否定。"意"，心意，"不以为意"，就是不在意，不放在心上，常用在对事情的态度上，表示不重视，不认真对待。

第二，所表达的主观意味不同。两个词都表示特定的主观态度，"不以为然"在不认同甚至否定对方观点的同时，还带有轻蔑的意味，"不以为意"通常含有意或者无意地忽视、淡化某一事情的意思。

【正例】

①慈禧太后的宠臣荣禄，奉命率领禁卫军要去攻打使馆区，但是他心里颇不以为然，他暗中通知使馆早做防卫。（林语堂《京华烟云》）

②自然，医师对于病人，纵使怎样熟识，说话还是有限度的，但是他至少已经给了我两三回警告，不过我仍然不以为意，也没有转告别人。（鲁迅《且介亭杂文附集·死》）

链接：一道高考题

2004年湖南省高考语文试卷的第4题，要求从各句中找出使用成语不恰当的一句。

其中有一句使用了成语"不以为意"："个别民警认为工作时间饮点酒是小事一桩，就不以为意，结果因违犯公安部颁布的'五条禁令'而受到查处。"

这句中用"不以为意"是正确的。这句话的意思是说个别民警对于工作时间饮酒的危害认识不够，没有把它放在心上。显然是指对这件事情忽视了，不够重视，所以应该用"不以为意"。如果用"不以为然"就错了。

侧目｜刮目

[错例] 无论是中国业界的自主创新，还是意大利、西班牙引领的陶瓷风尚，今年瓷砖卫浴产品的品种之丰富、工艺之先进、设计之别致无不令人侧目。

【诊断】

"侧目"应为"刮目"。词形相似致误。两个词原本都是和"目"有关的动作，都表示对事物的看法，但两种看法大不相同。

【辨析】

"侧目""刮目"都指以某种眼光看待人或事物，却是以完全不同的眼光来看，不能随意混用。主要区别表现在：

第一，词义不同。"侧目"，原为斜眼看人、不以正眼看人的意思。一般来说，一个人是不会无缘无故斜着眼睛不正眼看人的，因此"侧目"常引申为带有某种情绪地看人，或者是畏惧，或者是愤恨，等等。"刮目"，原为"拭目"，即擦眼睛，于是就有了集中注意力认真看的意思，这是有比较具体动作的动词。由此引申为改变旧的看法，通常因为对方有了好的变化，必须另眼相看。

第二，感情色彩不同。让人"侧目"的人或事，往往是令人不快的，比如让人憎恶、愤恨、畏惧、鄙视、不屑等，因此带有贬义色彩。而"刮目"是说人或者事物有了新的变化，往往是可喜的、积极的变化，让人不得不用新的眼光来看待，因此带有褒义色彩。

【正例】

①这时才过正午不久，安静的小镇上，突有几匹健马急驰而过，鲜衣怒马，马行如龙，街道旁人人侧目。（古龙《绝代双骄》）

②这几天来，仲昭心里很是愉快，因为金博士的论文对于他的新闻编辑方针有了拥护，所以总编辑也刮目相看。（茅盾《蚀·追求》）

链接：为何要"侧目"？

要正确使用"侧目"一词，必须搞清楚"侧目"的原因。究竟什么该让人侧目呢？归结起来，主要有以下几方面：

一，因专注入神而"侧目"。实则为偏着头、侧着耳、专心听的姿态。明末清初林嗣环描写口技，当欣赏口技进入最精彩阶段时，"满座宾客无不伸颈，侧目，微笑，默叹，以为妙绝"。显然这里听众为了听得更清楚，伸颈侧耳，专心致志，生怕漏掉一点细微但又奇妙无比的声音。二，因既敬又畏而"侧目"。《战国策·秦一》中记载，苏秦在未成就功名时，家人嫌弃他，嫂子也趾高气扬地瞧不起他，多年后他出了名回家时："父母闻之，清宫除道，张乐设饮，郊迎三十里。妻侧目而视，倾耳而听。嫂蛇行匍伏，四拜自跪而谢。"三，因既憎又畏而"侧目"。汉朝桓宽的《盐铁论·周秦》："赵高以峻文决罪于内，百官以峭法断割于外，死者相枕席，刑者相望，百姓则侧目重足，不寒而栗。"四，因为嫉妒、忌恨而"侧目"。蔡东藩《清史演义》："于是汉员立功，往往为满员所侧目，不加残害不止。"

出生｜出身

[错例] 别看他现在事业上很有成就，你可能怎么也想象不到，他原来是在非常偏僻落后的小山村出身的。

【诊断】

"出身"应为"出生"。音近义混而致误。尽管两个词都与人生经历有关，与人的生命或身份、地位的来源有关，但所表达的意思和使用的场合是不一样的，不能随意互换。

【辨析】

"出生"和"出身"都表达人的某种属性的来源和出处，但是用于哪个人生阶段，表示人的哪方面的属性，或者说什么时候该用"出生"，什么时候该用"出身"，有着明确的分工，具体表现在：

第一，从含义上看。生，本义是生长，引申为生命。"出生"就是胎儿从母体中生出来，也可以比喻事物的诞生。身，本义指身躯，引申义为自己、本身、身份。"出身"是某种身份的来源。

第二，从侧重点看。"出生"侧重于人的自然属性，毫无疑问与生命的起始有关。"出身"侧重于人的社会属性，作为人生某种社会意义上的起始点，与家庭背景或个人早期的经历有关。

第三，从搭配上看。"出身"可以和表示家庭背景的名词搭配，如"贫农出身""地主出身""干部家庭出身"等，也可以和表示自己早年某种经历的名词搭配，如"科班出身""学生出身""军人出身"等，"出生"没有这种搭配。"出生"可以和时间词语搭配，如"出生于1900年"，"出身"一般不能这样搭配。"出生"和"出身"都能与地点名词搭配，但表达的意味有所不同。如同样说"出生于上海（农村）"和"出身于上海（农村）"，前句中"上海"或"农村"仅仅是一般的地域概念，表明生命开始于此，不一定成长于此或长期生活于此，而后者表明不一定出生于此，但通常有较长一段在此成长的经历。

第四，从词性来看。"出身"除了可以作动词之外，还可以作名词。"出生"只能作动词，不能作名词。

【正例】

①可能和儒家之礼相违背的是，木兰竟在曾先生去世之后的那个月受了孕，所以在次年，她的孩子的出生晚于暗香的孩子五个月。（林语堂《京华烟云》）

②在这湖边还未站住脚的艰苦情况下，一部分队员是有些消极和蛮干的情绪，尤其是本地农民出身的队员，王虎就是最突出的一个。（知侠《铁道游击队》）

链接："出身"的分类

一个人的"出身"和他的某种社会身份有关，可以分为两类。一种是家庭出身，和自己出生的家庭及环境有关，如"地主出身""贫农出身"等。另一种是经历出身，凡是今日以前的人生经历，都可以说是"出身"。包括学习经历，如"秀才出身""黄埔出身""学生出身""博士出身"等。还包括工作生活经历，如"工人出身""机关出身""商人出身"等。

传诵 | 传颂

[错例] 在三年前那次百年不遇的大洪灾中，他先后救出了十多名被洪水围困而危在旦夕的村民，最后自己被凶猛的洪水卷走。至今，全村的人仍在传诵着他英勇救人的事迹。

【诊断】

"传诵"应为"传颂"。音同义混而致误。两个词都有传播、传布的意思，但"诵""颂"有别，应加以仔细区分。

【辨析】

"传诵"和"传颂"都有得到广泛传播的意思，它们的主要区别在于：

第一，词素义不同。"诵"是诵读，"传诵"义为在流传中（作品）广为诵读。"颂"是"颂扬"，"传颂"是传播并加以称颂。

第二，传布对象不同。"传诵"的对象一般是语言文字类的东西，如诗词、文章、美名等。"传颂"的对象一般是事迹、品行、功业、功德等。两者所传布的一般都是美好的事物，不好的诗文作品、恶人恶事不能用"传诵"或"传颂"。因此两个词都是褒义词。

第三，传布结果不同。"传诵"的结果是传得很广而为很多人记诵：或者内容在当时传的面很广，很多人对内容能够记诵；或者流传后世很久远，后世的人也能够记诵。如"李白杜甫的诗句不但当时到处传诵，而且至今人们仍在传诵"。"传颂"的结果是不但传得很广，而且被广泛地称颂、颂扬，即其中含有人们给予高度评价的意思。

【正例】

①蜀的韦庄穷困时，做过一篇慷慨激昂，文字较为通俗的《秦妇吟》，真弄得大家传诵，待到他显达之后，却不但不肯编入集中，连人家的钞本也想设法消灭了。（鲁迅《准风月谈·查旧账》）

②1912年鱼栏伙计冯如灿（卖鱼灿）遭歹徒勒索被殴，飞鸿见义勇为严惩歹徒，"义救卖鱼灿"一事在羊城广为传颂。（韩春萌《武林奇侠黄飞鸿正传》）

链接："诵"与"颂"

"诵"，形声字，从言，甬声。本义为背诵、朗读，如"春诵夏弦""熟读成诵""过目成诵"。

"颂"，形声字，从页，公声。一般从"页"的字与头部有关，"颂"本义为容貌、仪容，后来这个义项写作了"容"。与现代汉语中仍在使用的"颂"有关的意思，最初的是"祭祀时用的舞曲歌辞"，为《诗经》"六义"（风、雅、颂、赋、比、兴合称"六义"）之一，它包括《周颂》《鲁颂》《商颂》。因为"颂"是贵族在家庙中，以演奏配以舞蹈的形式，祭祀鬼神、赞美治者功德的乐曲，由此就引申出了赞扬、赞美、祝贺的意思。

在古代，"诵"可以通"颂"，义为颂扬，如"诵德"为颂扬功德，"诵法"为称颂效法，"诵烈"为颂扬功业。但不能反过来通用。用在"传颂"和"传诵"中，"颂"和"诵"区分是明确的，前者是赞美、赞扬的意思，后者是朗读、背诵的意思。

窜改｜篡改

［错例］书上有些比较可靠的民间歌谣，虽然数量不是很多，但很珍贵。因为都是他亲自从民间收集而来的第一手资料，不是经过篡改的。

【错例】

"篡改"应为"窜改"。音同义近致误。两个词都有改动的意思，但是各自使用的对象、改动的目的等都不相同，要视具体情况加以选用。

【辨析】

"窜改"和"篡改"虽然都指语言文字上的改动，但改动的对象、目的、结果以及感情色彩都不相同。

第一，改动的对象不同。"窜改"多用于文章、成语、古籍等，改动的是文字，一般不影响整体。"篡改"多用于权威经典、理论、政策、指示、主张等，往往涉及精神实质层面。

第二，改动的目的不同。"篡改"是为了某种明确的目的而进行的改动，通常是故意的改动或有意曲解，多采用作伪的手段。因此，带有贬义的感情色彩。"窜改"是一般性的改动，并不一定带有明显的故意甚至恶意，也不一定是错。如果误改错改，可能是因为窜改者知识水平不高，能力不够强，态度不够认真。所以"窜改"是中性词。

第三，改动的影响不同。"窜改"往往是局部文字上的改动，影响面较小，词义较轻。"篡改"则是整体意思上的改动，影响面较大，词义较重。

【正例】

①洪七公笑道："是啊。当今之世，只有你一人知道真经的经文，你爱怎么写就怎么写，谁也不知是对是错。你把经中文句任意颠倒窜改，教他照着练功，那就练一百年只练成个屁！"（金庸《射雕英雄传》）

②另有《东墙记》，经明人篡改，已非原貌；此外还有两种剧本残存有曲词。（章培恒、骆玉明《中国文学史》）

链接：说"窜"

在人们眼中，"窜"字的名声不好，与"窜"组成的一些词，如"逃窜""乱窜""窜犯""窜扰"等都是贬义词。因此，有人以为"窜改"也是贬义词，这是误会。

如果我们真正认识了"窜"字，就不会有这样的误解了。"窜"有隐藏、逃跑这些意思，所以有了前面所说的"逃窜"等这些词。但是，"窜"还有修改、改易的含义。如韩愈《答张彻》诗："渍墨窜旧史，磨丹注前经。"此处之"窜"，为修改（史书）之义。所以，文字上有所改动就叫"窜改"。以"窜"组成的关于修改文字之类意思的词语还有：删改或修改叫"点窜"，改易文句叫"窜句"，删改订正叫"窜定"，删改叫"窜删"，改动和增益叫"窜益"。可见，重新认识一下"窜"字很有必要。

大事 | 大肆

[错例] 为了使我们的产品被更多消费者认识、认同并购买使用，我们一定要利用合法有效的渠道和方式，大肆宣传产品的新功能和新特点。

【诊断】

"大肆"应为"大事"。音近义近而致误。两个词都有大力做某事的意思，但是感情色彩有区别。在实际使用当中，经常出现不看场合、不辨感情色彩、随便乱用而出现错误的情况。

【辨析】

"大事"除了可以作名词表示重大事情之外，也和"大肆"一样能作副词。作为副词时，两者的区别主要体现在以下方面：

第一，强调重点不同。"事"，解释为"从事"。"大事"即大力从事，强调动作主体调动一切人力、物力、财力等用于某一件事情上。"肆"，解释为"肆意，毫无顾忌"。"大肆"就是毫无顾忌地干事，强调动作主体不考虑其行为的恶劣后果，甚至置道义、法律于不顾。

第二，感情色彩不同。两者都是副词，作状语，后接动词。但由于"大肆"侧重没有顾忌、放肆大胆、不考虑影响和后果（去干坏事），是一个贬义词，所以它常同"掠夺、搜刮、挥霍、鼓吹、歪曲、攻击、诬蔑"等贬义词搭配使用。"大事"侧重大规模、大力度地（做某事），所从事的事情一般为好的、积极的或者无所谓好坏的，是一个中性词，所以常和"宣传、宣扬、操办、兴建"等词配合使用。

【正例】

①一班长是河南人，他们那里结婚，需要大事铺张，他负担不起，想把婚事拿到部队来办。（晓宫《三线不配套工程》）

②日本人占定了北平，必首先注意到学生们，也许大肆屠杀青年，也许收容他们做亡国奴，这两个办法都不是咱们所能忍受的！（老舍《四世同堂》）

链接：说"肆"

"肆"，形声字。从长，聿(yù)声。本义为摆设、陈列。《诗·大雅·行苇》："肆筵设席，授几有缉御。"肆筵，就是摆设宴席的意思。后来由将东西随意摆设、排列出来引申为"恣纵，放肆"的意思。这种情况下组成的词语有很多，如"肆掠（大肆掠夺）""肆奢（放纵，奢侈）""肆欲（纵欲）""肆手（放手，即随意、任意）""肆言（无所顾忌地说话，纵言）""肆志（快意，随心，纵情）"。"大肆"也在其中。"肆"为"放纵、恣肆"，"大"言其程度之高。因此，"大肆"就是极其放肆的意思。人们做事向来讲究有个度，过于放肆而没有顾忌往往是为人所诟病的，所以就用来形容做坏事情，成了贬义词。

鼎立｜鼎力

[错例] 感谢贵公司对此次活动的鼎立协助。

【诊断】

"鼎立"应为"鼎力"。音同义混致误。两个词都含有"鼎"字，与鼎有关，但是意义和使用场合却完全不同。

【辨析】

"鼎立"与"鼎力"一字之差，意思悬殊。鼎"立"，取其形，凭三足立而不动。鼎"力"，取其重，需举以大力。两者之间的差别主要有这几个方面：

第一，词义有别。"鼎立"谓"如鼎足而三"。一般圆形鼎有三条腿，故喻三方势力对立的局面。换言之，要在有三种力量或者势力的情况下，才能说"鼎立"。如："赤壁一战，决定了魏、蜀、吴三国鼎立的局面。""鼎力"谓"以举鼎之力"，因鼎多为青铜等制成，举起需用很大气力，故用以表示"大力（予以帮助、支持）"。如："承蒙鼎力支持，无比感谢。""鼎立"借鼎的外形取喻，强调三股力量之间的平衡和相对稳定。"鼎力"言鼎重需用大力举之，强调要付出巨大的力量。

第二，词性有别。"鼎立"是动词，可以作谓语，表示三种力量处于对立或平衡的状态，一般说"三国鼎立""三足鼎立""三方鼎立""三家鼎立"等等。"鼎力"是副词，一般只能用在动词之前作状语，如"鼎力帮助"，不能作谓语。

第三，谦敬性有别。"鼎力"是敬辞，用于表示请托或感谢之时，即只能说别人"鼎力"支持和帮助，不能用来说自己。"鼎立"则不具有谦敬性，用于一般性陈述。

【正例】

①三峰鼎立，夹一条白花花的庄河蛇行，庄河转弯抹角，万般作弄，硬使一峰归陕，一峰归豫，一峰归鄂。（贾平凹《古堡》）

②今日重新携手共事，须要仰仗制台大人鼎力相助。（姚雪垠《李自成》）

链接：力能扛"鼎"

鼎，古代用于煮食的炊具，作用相当于今天的锅，也有特制的用于宗庙祭祀时盛熟牲的礼器。相传夏禹铸九鼎，历商至周，成了国家政权的象征。

鼎还有一项作用，那就是衡量人的力量。因为鼎多用青铜制成，重量十分了得，如著名的司母戊大方鼎就重达875公斤。我国古代就常以举鼎来评判谁是大力士。春秋战国时，举鼎的比赛很盛行。据记载，喜欢举鼎的秦武王带着重兵去洛阳观看九龙神鼎。为了显示秦国的实力和地位，秦武王想与手下大力士孟贲比试举鼎，殊不知此鼎过重，累得双目出血，力尽鼎落，又砸断了膑骨，结果不治而亡。无辜的孟贲也因此获罪，被诛杀九族。司马迁《史记·项羽本纪》记载："籍（项羽）长八尺余，力能扛鼎，才气过人。"后来就用"力能扛鼎"形容力大无比。

定金|订金

[错例] 在签订合同时，如果将预先支付的款项在合同中明确规定为"订金"，将具有担保性，可以受到法律的保护。

【诊断】

"订金"应为"定金"。音同义近而致误。两个词都是预先支付的钱款，是履约的保证。但在实际生活尤其在经济生活中，两个词的概念有着明确的界定和区别。因此在使用时千万不能随意，必须严格区分以避免不必要的纠纷和损失。

【辨析】

"定金"与"订金"仅一字之差，然而法律上却是两个不同的概念。"订金"只是日常习惯用语，在经济活动中尽管被广泛采用，却并无明确的法律规定。"定金"是法律术语，是指合同当事人约定的，为确保合同的履行，一方当事人预先支付给另一方当事人的一定款项。两者具体区别体现在：

第一，性质有别。"订金"属于预先支付的一部分价款，不具备担保的性质，而"定金"则具备担保的性质，并且有严格的设立条件。依据担保法的规定，当事人可以约定一方向对方给付定金作为债权的担保，债务人履行债务后，定金应当抵作价款。

第二，后果有别。由于二者法律性质不同，因而在不履行约定时法律处理上差异较大：对"定金"而言，给付定金的一方不履行约定时，无权要求返还定金；收取定金的一方不履行约定时，应当双倍返还定金。然而对于"订金"而言，如果收取订金的一方不能履行约定，交付订金的一方只可要求返还订金而不能要求双倍返还。

【正例】

①至于委托方支付给承包方的定金，委托方不履行合同的，无权请求返还；承包方不履行合同的，应双倍返还；当事人部分不履行的，应就不履行部分承担定金制裁的法律后果。（张晋江等《中国经济审判原理》）

②这样好了，我收你们两位太太每人两百块订金，我留下两盆花，如果照你们说的没有根，那么下星期我再来时它们一定已经枯了，如果枯了，我就不收钱，怎么样？（三毛《稻草人手记》）

链接：一个案例

张先生与房产开发商签订了认购书。双方约定，张先生若未按期签合同或未按时交付相关款项，开发商有权将张先生认购的商品房另行出售并不退还定金。签约当日，张先生交了4万元，开发商在收据上注有"订金"两字。后来，张先生没有去交首付款，也没与开发商签订正式的购房合同。张先生认为自己交的实际上是定金，故诉至法院要求开发商返还4万元，并赔偿损失。经审理，法院要求开发商返还张先生4万元订金，驳回了张先生赔偿损失的诉讼请求。法院认为，收据上注明"订金"二字，并未明确约定为"定金"，根据有关法律规定："当事人交付留置金、担保金、保证金、订约金、押金或者订金等，但没有约定定金性质的，当事人主张定金权利的，人民法院不予支持。"

东郭先生｜南郭先生

[错例] 我们不能做现代的南郭先生，包庇纵容他继续做恶，而要时刻保持警惕，并在证据确凿的情况下，运用法律武器来制服他。

【诊断】

"南郭先生"应为"东郭先生"。由于不明成语来源而致误。这两个从古代作品中走来的"先生"，只差一个字，如果对他们有关的"事迹"不清楚，就很容易混淆。

【辨析】

由于都是作品中虚构的，东郭先生、南郭先生名号无从查考。虽仅一字之差，与这两人相关成语的出处、故事和寓意大不相同。

第一，来源不同。东郭先生来自明代人马中锡《东田文集》中的《中山狼传》。南郭先生，又称南郭处士，出现时间要比东郭先生早得多，出自先秦时期《韩非子》中的《内储说上》。

第二，两人的"事迹"不同。南郭先生不会吹竽，却在齐宣王的乐队里混，后来齐湣王继位，他爱听乐师一个个地演奏，他只好偷偷溜走。东郭先生救了一匹被猎人穷追不舍的狼，结果在猎人走后，狼反而要吃掉他。

第三，典型意义不同。后来人们根据他们两人的故事，把他们分别比喻为两类人，南郭先生成了无其才却居其位的代表，东郭先生则成了不分善恶而滥施仁慈的代表。

【正例】

①我极快地为它照了一张相，转身离开了柳树，在离开柳树的刹那间，我的心里闪过一个念头：我或许是东郭先生吧。但还是迅速离开了现场，追撵到河滩的南边。（贾平凹《怀念狼》）

②更为重要的是应当严格贯彻《干部任用条例》，真正搬掉干部制度上的"铁交椅"，让那些滥竽充数的干部像南郭先生一样混不下去。（《燕赵都市报》2004年12月13日）

链接："滥竽充数"

"滥竽充数"是一个成语，也略作"滥竽"，意思是没有真本领却在位子上混的人。出自《韩非子·内储说上》，原文是这样的："齐宣王使人吹竽，必三百人。南郭处士请为王吹竽，宣王说之，廪食以数百人。宣王死，湣王立，好一一听之，处士逃。"由于齐宣王不加挑选，让吹竽者混在一起吹，南郭先生就利用这一漏洞，虽然没有本事也能在里面装、混。南郭先生就是因为这故事出名的，而且两千多年来，他一直就是不学无术靠蒙骗混饭吃的人的代名词。

法制│法治

[错例] 党的十五大报告中进一步把依法治国提到治国方略的高度，明确提出了建设社会主义法制国家的目标。

【诊断】

"法制"应为"法治"。音同义近而致误。虽然都和法律制度有关，但一个是（法）"制"，即制度体系，一个是（法）"治"，即治理，"法制"与"法治"并非相同概念，自然不能随便使用。

【辨析】

"法制"是一个国家或地区现有法律制度的总称，构词方式为联合式。"法治"是利用法制进行统治的方法，是治国方略，构词方式为偏正式。两者存在着密切联系：法制是法治的基础和前提条件，要实行法治，必须具有完备的法制；法治是法制的立足点和归宿，法制的发展目标必然是最终实现法治。然而，两者存在着明显的区别，不能混淆：

第一，法制是法律制度的简称，属于制度的范畴，是一种静态的制度；而法治是根据法律治理的意思，是相对于"人治"而言的，是一种动态的活动过程。

第二，法治与民主相联系，法治要以民主作为政治基础和目标追求，但法制不要求有民主的政治基础，也不必以民主作为政治目标。

第三，法制的基本要求是各项工作都法律化、制度化，并做到有法可依；而法治的基本要求是严格依法办事，法律在各种社会调整措施中具有至上性、权威性和强制性。

第四，法制实现的主要标志，是一个国家从立法、执法、司法、守法到法律监督等方面，都有比较完备的法律和制度；而法治实现的主要标志，是公共权力或国家权力都要受到约束，任何机关、团体和个人都严格遵守法律和依法办事。

【正例】

①我正是想说明，我国在腾飞，在进步，我在歌颂法制逐步健全，颂扬社会主义的透明。（曹桂林《偷渡客》）

②科学立法、严格执法、公正司法、全民守法深入推进，法治国家、法治政府、法治社会建设相互促进，中国特色社会主义法治体系日益完善，全社会法治观念明显增强。（习近平《决胜全面建成小康社会　夺取新时代中国特色社会主义伟大胜利——在中国共产党第十九次全国代表大会上的报告》）

链接：建立社会主义"法治"国家

法制是不同社会形态都存在的，法律制度既可以是好的、民主的法律制度，也可以是不好的、专制的法律制度；而法治则指在民主化社会形态下，拥有良好的、民主的法律制度，并能得到正确推行和普遍遵守的治理模式。

我国建设中国特色社会主义政治的一个基本目标就是建立"社会主义法治国家"，而不仅仅是"社会主义法制国家"。

反映┃反应

[错例] 那一次干警们反应了他的一些问题，我才发现干警与他的矛盾那么大，以前我只知道他与队里某位领导不和。

【诊断】

"反应"应为"反映"。音同义混致误。两个词都有"反"，但一个是"映（因照射而显出）"，一个是"应（回应）"，区别还是比较大的。但在实际使用当中，这两个词语出现混用的现象比较普遍。

【辨析】

"反应"和"反映"两个词的不同点可以从下面几方面来把握：

第一，侧重点不同。"反应"指某种刺激或作用引起的回响、回应。"反映"指把事物的面貌、本质等反照出来，更便于人认识了解。"反应"侧重于"应"，强调的是对刺激的回应。"反映"侧重于"映"，强调的是对客观事物的再现。

第二，结果不同。"反应"的结果是对刺激的应激性活动，前面的刺激和后面的反应具有因果关系。"反映"产生出的结果，透过它可以观照对象本身的原貌或本质，客观事物和真实反映的结果就像物体和影子的关系。

第三，适用范围不同。物理、化学变化要用"反应"，如"核反应、热核反应、聚变反应、中和反应"；人体的生理、病理变化只能用"反应"，如"神经系统急性中毒反应"

等；有机体受到体内或体外的刺激而引起的相应的活动，包括感官、思想、心理等活动只能用"反应"，如"反应慢""对批评的过激反应"等。把客观事物的表象或实质表现出来，把情况报告给有关部门或人员，则用"反映"。

第四，语法功能不同。虽然都是动词，都能作谓语，但"反映"可以带宾语（如"反映情况"），"反应"通常不能带宾语。

【正例】

①小林老婆也上去说，谁反映的这事，就证明谁偷水，不然他怎么会知道偷水的方法，这不是贼喊捉贼是什么？（刘震云《一地鸡毛》）

②女人们的心那都是何等的敏感啊！她的电话在她们中起了必然的反应。那反应对她很不利。（梁晓声《蜻蜓发卡》）

链接："映"与"反映"

映，本义作"明"解，指光线照射而显出物体的形象，引申为"照射"（映照）、衬托（映衬）等义。这样，"映"必须包括两个部分，一是原来的事物，二是映射、反照出来的另一形象。要"映照"出新的形象，在原来的事物存在的基础上，还要有一个反映者承当中介。

联系"反映"这个词来看，当它指把客观事物表现出来时，所表现出来的并不一定完全是事物本身，而是经过反映者（作者或说话者）加工过的。当表示把情况、意见告诉给上级或有关部门时，有关部门得到的同样是经过反映者转述的信息。

分辨 | 分辩

[错例] 我从一些养鱼专家那里了解到，要分辩短鲷的性别，并不是那么容易，尤其当您的鱼是仔鱼或是中成鱼时。

【诊断】

"分辩"应为"分辨"。音同形近致误。在现代汉语中，两者有明确的分工，使用中应当认真加以区分。

【辨析】

"分辨"和"分辩"写法不同，"辨"的中间是"刂（形旁，表示与'刀'有关）"，"辩"的中间是"讠（形旁，表示与'言'有关）"。分别构成"分辨"和"分辩"，前者义为区分，后者义为辩解。它们主要区别在于：

第一，目的不同。"分辨"是区分、辨别的意思。目的在于面对两个或更多容易搞混弄错的事物，找出它们之间的区别。"分辩"是分说、辩解的意思，目的在于当出现对自己的批评与指责时，主动陈述理由，加以辩解，最终说明真相，消除不良影响。

第二，手段不同。"辨"的中间部分是"刂"，它是"刀"的演化形式，由刀可以把东西切分开，故而用于表示一个仔细分析、比较、甄别的复杂思维过程，"分辨"就是通过思维进行分析判断并加以辨别区分。"辩"的中间部分是"讠"，表示一种言语活动，"分辩"就是把自己的观点讲出来，对不同的看法进行辩白。

第三，语法功能不同。都为动词，但组合能力不同。"分辨"后面可以带宾语，如"分辨是非"。"分辩"一般不能带宾语。

【正例】

①他没有顾上多注意别的，眼光顺着往黄大年地里去的一条路上分辨着一连串正往村里走的男女人们，想从中间找出玉梅来，一直望到黄大年的地里，发现他们组里的人都还正在地里赶着装筐子，中间似乎有女人。（赵树理《三里湾》）

②她想分辩，想质问，却说不出来，腿软得站不住，一手扶着门框，一手撑着门边的木椅，连发抖的力气都没有了。（宗璞《南渡记》）

链接："辩证"与"辨证"

"辩证"和"辨证"是两个不同的词语。"辩证"指符合辩证法的。"辩证法"是一个哲学概念，是和形而上学相对立的世界观和方法论，认为事物处在不断运动、变化和发展之中，是由于事物内部的矛盾斗争所引起的。马克思主义哲学就是辩证唯物主义的哲学。"辨证"现在一般有两个意思。首先是指一种研究问题的方法，是"辨析考证"的意思。其次，中医学上还有"辨证施治"的诊断方法，和"辨病施治"相对应。"辨证"就是运用中医的诊断方法，对于病人复杂的症状，进行分析综合，判断为某种性质的"证（同'症'，'病'所表现的主客观症状）"。"辨证施治"就是辨别分析患病的症候，然后采取治疗措施。

伏法 | 服法

[错例] 在监狱管教人员耐心细致的教育下，他开始认罪伏法，老实改造，争取立功表现。

【诊断】

"伏法"应为"服法"。音同义近致误。两个词都可用于犯罪人员身上，都指犯罪人员在法律制约下的结果，而且古代"伏"也能通"服"，表示服从、服气，因此两者经常被混用。现代汉语中两个词已明确分工，不宜混用。

【辨析】

服，服从，"服法"义为服从法令，也叫"服罪"；伏，倒伏，"伏法"义为倒伏于法律之下，指依法被处以死刑。两者的区别主要表现在：

第一，词义不同。"服法"指服从法律，服从法院判决，能够真正认罪，可用于各种判刑轻重不等的罪犯身上。"伏法"特指罪犯被处以死刑，不能用在被判死缓及有期徒刑的罪犯身上。

第二，适用对象不同。"服法"适用于施事者，服法者是主动的。犯罪分子"服法"表现为内心真正认识到了自己所犯的罪行，从而表现出认罪的态度和行为，包括自首、投案、坦白交待罪行、戴罪检举他人以及其他改恶从善行动等等。"伏法"适用于受事者，伏法者是被动的。罪犯"伏法"的表现就是依据法律被强制剥夺生命。

第三，词义轻重不同。"服法"是罪犯在法律威慑或有效改造后的结果，词义较轻。"伏法"是犯罪人员因罪大恶极而被处以极刑，词义较重。

【正例】

①顾骏情不自禁地就会想起早已伏法的张焰，但是他并没有想到自己有一天会真的重新走进这个早就陈旧的案子中去。（叶兆言《重见阳光的日子》）

②劳改队释放我时，管教干部给我写的鉴定很好："认罪服法，遵守监规，积极改造，世界观和劳动观有明显转变"云云。（张贤亮《青春期》）

链接："服法"误听成"伏法"

"服法"和"伏法"意思不同而读音相同，光听发音是不容易分辨的。在贾植芳先生身上就曾经发生过一个将"服法"误听成"伏法"的故事。

1966年3月底，在贾植芳先生因胡风案被捕并关押了十年零十个月之后，上海市中级人民法院才对他作出正式宣判。当起诉书里念到"首犯胡风，1965年12月26日经最高人民法院判决，该犯已认罪服法"时，贾先生把"服法"错当成"伏法"，以为胡风已遭枪决。他这样形容听到这个"噩耗"时的感受："脑子里轰地一下昏起来，眼泪顿时模糊了一切"，"那个检察员还在振振有词，但似乎离得很远，我根本听不见了，我不知道起诉书和宣判书的内容是什么"。由于贾植芳先生与胡风先生长期以来保持着深厚的情谊，胡风的思想人品也深深地感染了他。因此，当错听成胡风"伏法"的不幸消息，贾先生自然会有如五雷轰顶般的感觉。

斧正｜扶正

[错例] 我昨晚写了两首小诗，明日寄给您看看是否可用，并请您扶正。

【诊断】

"扶正"应为"斧正"。音近义近而致误。两个词都是动词，都有改"正"的意思，但意思上存在差别，使用场合也有所不同，不宜混用。

【辨析】

"斧正"，也作"斧政""斧削"，原义为用斧子削正，后用于请人改正、修改。"扶正"本义为把倾斜的东西扶持归正，后来引申出妻死后将妾作妻的意思。因为过去将妻称为正室，妾为侧室或偏房，如果正房太太死了，就将下面处于"偏房"的小老婆转为"正房"，这就是"扶正"。到现代汉语中，又引申出了将副职转为正职的意思。通过比较，可以发现两者的区别主要在以下方面：

第一，"正"的词素义不同。两个词中的"正"都表示前一词素作用动作的结果。但"斧正"的"正"义为正确；"扶正"的"正"义为端正或正式。

第二，使用范围不同。"斧正"现在多用于请人对自己的诗文等进行修改。"扶正"可指将颠倒或倾斜的物体扶持端正，还可指将副职干部转为正职，旧时也指将妾转为正房。

第三，词义演化不同。在现代汉语中，"斧正"基本上没有产生新的义项，"扶正"的将副职转为正职的意思，是在原有词义的基础上新引申出来的。

第四，附加色彩不同。"斧正"是一个敬词，一般用于请别人对自己的作品予以修改，而且是一个书面语词，不大用于日常口语。"扶正"没有这样的特点。

【正例】

①他在小序中写道："1977年9月11日至15日与东兴、永贵同志到大寨学习真是琳琅满目、美不胜收，感触所及诗以记之呈请东兴、永贵二同志斧正。"（吴思《陈永贵：毛泽东的农民》）

②到了刘家，刘将军让她一路上楼，笑着握了她的手道："医院里那个人，恐怕是不行了。你若是跟着我，也许就把你扶正。"（张恨水《啼笑因缘》）

链接："郢匠挥斤"

"斧正"一词来自"郢匠挥斤"这一典故。典故的出处为《庄子·徐无鬼》。故事大意是，一个以沉着勇敢闻名的郢人，和他的朋友石——一个技艺高超的匠人，表演了一套绝活：郢人用一层薄如苍蝇翅膀的白粉涂在鼻尖，让匠人用斧头把白粉削去。只见匠人不慌不忙地挥动斧头，呼地一声白粉全被削掉了，而郢人的鼻尖仍完好无损。

后来，人们借用这个故事，在请人修改作品的时候，往往就说请"斧正"。这是对修改者表示尊敬的客气语。赞誉他水平高，修改起来，像匠人用大斧给郢人削去白粉一样，干净利索，恰到好处。同时，自己也有郢人那样良好的心态，对于批评勇于接受。

改进 | 改善

今年以来，由于各级政府采取了一系列积极措施，从各地水质监测站传来数据表明，目前淮河河水受污染状况有了明显改进。

【诊断】

"改进"应为"改善"。义近义混致误。两个词都是动词，都有事物经过改动之后变得更好的意思，如果不加仔细区别，极易混用。其实，一个是改"进"，一个是改"善"，抓住关键字就容易区分了。

【辨析】

"改进"与"改善"作为一对近义词，其主要区别有三个方面：

第一，侧重点不同。"改进"的"进"是结果，与"退"相反，因此它的词义侧重于事物发展过程中较低阶段向较高阶段的进步。"改善"的"善"是结果，与"恶（坏）"相反，故其词义侧重点在于使事物不好的状况变得好一些。

第二，词义轻重不同。"改进"是在原有不错的基础上再进一步，主要是量的变化，词义较轻。"改善"是在原来并不很好的情况下使向好的方向转变，往往有转折性的变化，词义较重。

第三，搭配词语不同。"改进"常与"工作、作风、方法、措施、技术"等词语搭配，"改善"则常和"条件、环境、生活、关系"等词语搭配。

【正例】

①如果是从我的档案中抽出，有意发还给我，让档案和本人见面，那就说明人事工作有所改进，这是一件大好事。（叶浅予《细叙沧桑记流年》）

②我也写了一般的贫苦劳动人民如何改善了环境，既不再受恶霸们的欺压凌辱，又得到了不脏不臭的地方进行劳动。这就是我的《龙须沟》的主题。（老舍《老舍自传》）

链接：一道填空题

有一道题目要求将"改善"和"改进"两个词分别填入下面两处空格：

"来自个体经济的压力和挑战，促使国营和集体商业部门____经营的方式和手段，____服务态度，进而无形中形成了经济生活中的竞争局面。"

这里前后两个空格应该分别填入"改进"和"改善"。作出选择的依据是后面搭配的宾语，"方式""手段"一般与"改进"搭配，而"态度"作为抽象事物，一般与"改善"来搭配。

贡献│供献

[错例] 学子们纷纷表示，一定要充分利用这次"三下乡"机会，发挥所长，为社会主义新农村建设供献自己的才智。

【诊断】

"供献"应为"贡献"。因音同义近而误。在古代，它们的意思之间有部分重叠的地方，但是区别还是很明显的，尤其在现代汉语中，它们之间的区别更不能忽视。

【辨析】

"供献"和"贡献"容易搞混，两个词的区别主要表现在：

第一，原义不同。作动词时，"贡献"指各地向帝王或附属国向宗主国进贡物品，"供献"主要指向神佛等进奉物品。相应地，作名词时，"贡献"指各地向帝王或附属国向宗主国进贡的物品，即贡品；"供献"指向神佛等供奉的物品，即供品。可见从本义来看，"贡献"是世俗中的活动，而"供献"与宗教或迷信活动有关。

第二，引申义不同。"贡献"现在一般使用它的引申义。一是作动词，表示拿出物资、力量、智慧等为国家、集体出力。二是作名词，指为国家集体所作的有益的事。"供献"则引申为在日常生活中向其他人进献东西。

由此可见，两个词语的本义容易分辨，向神佛供奉物品可称"供献"，向帝王进献贡品叫"贡献"。现代汉语中，它们的引申义更常用。"供献"进献的多为具体的实物，对象一般是个人。而"贡献"所献出的可以是具体的物资，更多的情况下是力量、智慧、才能、青春、生命等较抽象的东西，献给的对象一般是国家或集体。

【正例】

①抗日是大家的事，每个中国人都应该贡献出自己的力量，把鬼子打出去。如果有枪不拿出来，那就是你的不对了！回去想一下吧！（知侠《铁道游击队》）

②旗人的生活好像除了吃汉人所供给的米，与花汉人供献的银子而外，整天整年的都消磨在生活艺术中。（老舍《四世同堂》）

链接："贡"和"供"

在古代汉语中，"供"和"贡"意思也有些相近之处，都有"进献"之义。"贡"，《广雅·释言》解释："贡，献也。"特指地方将本地所特有的物产献给天子。"供"，《说文解字》解释："供，设也。"也就是陈设摆设的意思。《广雅·释诂二》解释："供，进也。"《玉篇·人部》解释："供，祭也。"于是，"供"也有"进献、祭献"的意思，即祭祀时向神佛奉献祭品。

应该说，在古代无论是"供"还是"贡"都是非常重要和神圣的事情，但今天的引申义却明显有了高低的不同。"贡"指为了正义事业为国家、集体献出自己的智慧、力量，"供"指平时向其他人进献东西。显然前者重而后者轻。

沟通 | 勾通

[错例] 一个优秀的企业，强调的是团队的精诚团结，密切合作，因此所有成员之间的勾通十分重要。

【诊断】

"勾通"应为"沟通"。音同义近致误。两个词不但读音相同，而且都有联络相通的意思。但是"沟"是"接通、连通"的意思，而"勾"是"勾结"的意思，因此组成的"沟通"和"勾通"也存在明显区别。

【辨析】

"沟通"指水沟互相接通，比喻彼此相通；"勾通"指勾结串通。两者都是动词。两个词的主要区别在于：

第一，搭配的对象不同。"沟通"可以用于人，包括人的思想沟通、感情沟通等，也可以用于事物，如"文化沟通""信息沟通""南北沟通"等。"勾通"则只能用于人与人之间的彼此串通。

第二，感情色彩不同。"沟通"无论是用来指人与人之间的思想沟通、感情沟通，还是不同文化之间的沟通，不同信息的沟通，都是中性的词语。而"勾通"则是坏人为了不可告人的目的暗中串通勾结，所以是贬义词。

第三，所带宾语类型不同。"沟通"一般以表示所涉内容的名词为宾语，如"沟通感情""沟通信息"等。"勾通"一般只带动作对象（通常为人物），如勾通敌人。

【正例】

①似乎有一支绵长的、不发声的音波，沟通着宇宙、太阳和这地球上的沙漠。（郭小川《在大沙漠中间》）

②有些人确定是观音坡白天里出鬼，那里死过几个灾民的。还有些人以为是罗家的佃户勾通了外路来的土匪。（张天翼《清明时节》）

链接："沟"与"勾"

"沟"和"勾"从字形和读音上看，似乎应该有些什么渊源关系，然而实际上并非如此。

"沟"是"溝"的简化字，从水，冓（gòu）声。本义为田间水道。后来也可泛指类似水道的洼地或浅槽。所谓的"沟通"，就如一沟之水自然相通。于是"沟通"就用来泛指多方相通。

"勾"本作"句"，最初的字形为两手执一弯曲的钩，钩上有一贝状物。有人推测这是与"贝"（古代用作钱币）打交道的商人的一种游戏。后来两手省略，贝状物也简化为"口"，成为"句"字。古代只有"句"，后来演化为"勾"。至今，"句"字仍可两读，既可读 jù，也可读 gōu。以"句"为声符的形声字也不例外，如"驹、拘"读 jū，"佝、狗"则读 gǒu。弯曲如钩的东西可钩物，"勾"因此可作动词，但组成的词常含贬义，如"勾搭、勾结、勾引"等等。"勾通"也是其中之一。

怪癖 | 怪僻

【诊断】

"怪癖"应为"怪僻"。音近义混致误。两个词不但字形相似，读音相近，而且都表示性情行为有些奇怪异常。但一个是因"癖"而怪，一个是因"僻"而怪，有着很明显的不同，要注意区分。

【辨析】

两个词都可用来写人的性格行为，都有一个"怪"字，表示性格或行为上的怪异。然而，在使用时两个词语还是存在明显区别的，主要表现在：

第一，词义侧重不同。"怪癖"关键在"癖"。"癖"即"癖性"，长久习惯形成的特殊嗜好或者特殊习性。这些嗜好或习性通常被认为是不良的。"怪僻"关键在"僻"。"僻"指性情古怪少见，不易与人相处。也就是，"怪癖"重在嗜好习性奇特，"怪僻"重在性情孤僻。

第二，词义范围不同。"怪癖"可以表现在人的生活各个方面，如人们平时的衣食住行、待人接物、工作学习等各个方面都会有各种各样的怪癖。"怪僻"仅表现在与人相处的孤僻上。

第三，词性不同。"怪癖"是名词，可以做主语和宾语。而"怪僻"是形容词，经常修饰名词，可以受程度副词"很、非常、十分、极"等修饰。

【正例】

①中外古今藏书家好像都有点怪癖。藏书家不看书据说也是常情。（董桥《藏书和意识形态》）

②而且如果说上一代的侍郎可算得又怪僻，又执拗，那么，吴老太爷正亦不弱于乃翁。（茅盾《子夜》）

链接："癖"与"僻"

"癖"和"僻"都是形声字，声旁相同而形旁不同，因此意思也有别。"癖"，从疒，辟声，与疾病有关，原指潜匿在两胁间的积块。中医上分为食癖、饮癖、寒癖、痰癖、血癖等。后来把嗜好之病叫作"癖"，即癖好。"僻"，《说文解字》解释："僻，避也。从人，辟声。"也就是说"僻"是躲避、避开的意思。再由"躲避"引申出"偏僻，偏远，少人去的"之义。

"怪癖"和"怪僻"的区别和"癖""僻"的不同有关。前者因为有病态的癖好而让人觉得奇怪，后者因为如同生活在僻远之处、不合群而使他人觉得奇怪。

国事|国是

[错例] 自从他从军阀政府辞职以后，改行专心经商，对以前的职位一点都不留恋，甚至多次写信给他弟弟，嘱其弟今后多谈私事，勿论国是。

【诊断】

"国是"应为"国事"。音同义近而致误。两个词都是名词，意思相近并且交叉。但因"国是"使用场合有限，人们对"国是"的确切含义不甚了解，以致常常将其与"国事"相混淆。

【辨析】

"国事"与"国是"都是名词，都指国家的政务、政事。但二者同中有异：

第一，使用范围不同。"国事"既可以指对国家有重大影响的事情，也可以指一般的国家事务。而"国是"则专指国家基本国策、大政方针等方面的重大事务。

第二，适用对象不同。"国事"可用于国内，也可用于国际，如"国事访问"是指国家领导人接受他国邀请所作的正式访问。"国是"所指的国家大事则严格限用于国人在中央所议之国家大事。比如，在我国，人民代表大会是人民行使国家权力的机构，全国人大代表到北京参加全国人民代表大会就是"共商国是"。

第三，语体色彩不同。"国是"是用于书面语的文言词，具有庄重的书面语色彩，"国事"在口语中也很常用。

第四，语法功能不同。作为名词，二者都能作主语、宾语，但"国事"还能作定语，如"国事访问"，而"国是"就无此用法。

【正例】

①而况"庖人虽不治庖，尸祝不越尊俎而代之"，也是古圣贤的明训，国事有治国者在，小民是用不着吵闹的。（鲁迅《初秋杂识（二）》）

②李代总统已将此事交总统府参军室办理；另饬空军总部派飞机分赴台湾省及重庆市接张、杨两氏到京共商国是。（罗广斌、杨益言《红岩》）

链接："事"与"是"

大家都很熟悉，"是"在古代汉语中常作代词，相当于"这"。在现代汉语中，"是"是表示判断的动词。对于它还有与"事"相近的名词用法，就有些不很清楚了。

《尔雅·释言》解释："是，则也。""是"，就是法则的意思，"国是"即为国家的大政方针等。这是"国是"的正宗用法。

不过，后来情况也起了些变化。《老残游记》第十二回："国是如此，大夫何以家为？"这里的"国是"就是指"国家之事"。甚至出现过"是"与"事"同义，用"是"来指一般的事务、事情的情况。如《七国春秋平话》："孙子曰：特来讲和一件是。"乐毅曰："何是也？"在这里，"是"和"事"就没有区别。这些都是"是"的意思泛化的结果，现代汉语已经不存在这种用法了。

骇人听闻｜耸人听闻

这一耸人听闻的惨案发生后，中央领导同志、中央有关部门和河北省委、省政府都极为重视，当即督促政法部门抓紧依法严肃处理。

【诊断】

"耸人听闻"应为"骇人听闻"。义近义混致误。两个成语仅一字之差，而且都有让人感到震动和吃惊的意思，但一个是事实"骇人"，一个是语言"耸人"。对此要仔细分辨，不能混淆。

【辨析】

"耸人听闻"形容夸大或捏造事实，使人听了感到惊异或震动，"耸"即惊动。"骇人听闻"形容使人听了非常吃惊、害怕，"骇"即震惊。两个成语的区别主要表现在：

第一，词义侧重不同。"耸人听闻"侧重于发布或传播消息者的主观意图，表示消息发布者的意图在于使听话人震惊，可能出于某种目的而对事实进行了夸大或捏造，但所涉及的客观情况不一定是坏人坏事。"骇人听闻"侧重于事件本身的严重程度，表示卑劣、残暴的事实达到了使人吃惊的程度，所指之事是坏人坏事。

第二，所形容的对象不同。"耸人听闻"用于形容发布有关信息的语言，因此常用来形容人们说话、发布消息、报道新闻等。"骇人听闻"用于形容客观事实本身，故常用来形容发生的惨案、事件等。

【正例】

①所以它不是"捏造"，也不是"诬蔑"；既不是"揭发阴私"，又不是专记骇人听闻的所谓"奇闻"或"怪现状"。（鲁迅《什么是"讽刺"》）

②这里没有十几层楼高的巨幅标语，没有宣传车和红卫兵，却有更加奇特的忠诚，更耸人听闻的传言，更愚昧的争夺，更畸形的膜拜……（张抗抗《隐形伴侣》）

链接：一道高考题

1998年全国高考语文试卷第6题，要求从"耸人听闻"和"骇人听闻"两个成语中选出一个恰当的填入"今年春节期间，山西某地发生了一起（　　）的假酒案"一句中。

答案应该为"骇人听闻"。这里用来形容的是发生假酒案这个事实，而且是一件坏事。要突出这件坏事达到令人震惊的地步，应该用"骇人听闻"。"耸人听闻"是形容故意说夸大或惊奇的话，或发布夸大而使人惊奇的消息而使人震惊，用在这里不合适。

化妆 | 化装

[错例] 她每次出去参加宴会之前，都不会忘记仔细化装，精心打扮，以使自己始终保持在公众面前青春亮丽的形象。

【诊断】

"化装"应为"化妆"。音同义近而致误。两个词都是动词，而且都有修饰容貌、打扮的意思，但是修饰打扮的内容和目的存在区别。我们在使用的时候，不能将这两个词语随意替换。

【辨析】

"化装"与"化妆"读音相同，词性也相同。但它们的意义既有相同之处，又有所区别：

第一，动作涉及面不同。"化妆"一般只是涉及身体局部的修饰改变，如头发、面容、手、脚、眼、耳、鼻等。"化装"可以涉及身体的局部，如头发、面容等，也可以是全身装扮，包括服饰、身份等外在的东西。

第二，动作目的不同。"化妆"通常以修饰美化自己为目的。"化装"就是"假扮"，以改变自己的本来面目，使别人把自己当成另外一个人为目的。

第三，适用范围不同。由于目的不同，所以两个词使用场合就不同。日常生活中人们尤其是女子修饰美化自己的容貌只能用"化妆"，演员因表演需要装扮成特定角色，可用"化装"也可用"化妆"，从一般情况看，演员的装扮美化的成分居多，因此用"化妆"，但是演员毕竟是假扮别人，所以用"化装"也不错。实际生活中为了改变形象不让人家看出自己身份等，只能用"化装"。

第四，语法功能不同。"化妆"一般不带宾语、补语。"化装"一般不带宾语，但可接"成""为"后带宾语，如"化装成特务"。

【正例】

①种种的权势者便用种种的白粉给他来化妆，一直抬到吓人的高度。（鲁迅《在现代中国的孔夫子》）

②明天汉家山逢集，你化装一下进去，先探一探康明理他们几个的生死下落。（马烽《吕梁英雄传》）

链接："妆"与"装"

"妆"，从女，本义是指女子脸部的化妆。"妆罢低声问夫婿，画眉深浅入时无？"画眉就是"妆"的一个重要内容。古时女子以米粉粉饰脸部。《说文解字》解释"粉"为"傅面也"。古时女子施粉，先用白色，又用红色，故称女子为"红粉""红妆"。"装"，本义是指包裹、行囊。《说文解字》解释"装"为"裹也"。后来人们所说"行装"就是由此而来的。可见，"妆""装"两字造字之初，意思并不相同。

后来，"妆""装"两字在意义引申过程中，部分义项逐步接近了。"妆"的范围从脸部扩展到全身。"装"的意义也从包裹、行装引申到全身的打扮，以至扩展到人身以外的装饰。不过，"装"的使用范围更宽些，不仅使用在人身体上，还可使用在物体上。"妆"则侧重在人身体上。这也就是"化妆"与"化装"的区别所在。

记录｜纪录

[错例] 他非常喜欢科学，平时注意观察思考，对一些自然现象的变化，他都做了翔实的纪录。

【诊断】

"纪录"应为"记录"。音同形似义近致误。在以前，"纪"也常通"记"，因此很多情况下"记录"与"纪录"可以通用。但是现在两者有了分工，不能随意混用。

【辨析】

"记录"和"纪录"的基本意思相似，都与人或事物的情况记载有关。现在，究竟应该写作"记录"还是写作"纪录"，可以从词性方面去判别。一般来说，"记录"可以作动词，也可以作名词。而"纪录"一般只作名词，不能作动词。

第一，充当名词时的区别。"记录"作名词，指当场记下来的材料，如"做好会议记录"，也指从事记录的人，如"推举他当记录"。"纪录"充当名词，是指在一定时期、一定范围以内记载下来的最优成绩，如"打破纪录""创造新纪录"等。也可以指对有新闻价值的人或事件的记载，例如"纪录片""新闻纪录"。

第二，能否作动词的区别。"记录"可以作动词，是指把听到的话或发生的事写下来，例如"记录在案"。"纪录"一般不用作动词。

【正例】

①他又点燃一支烟，随手从公文里翻出一份文件，这

是一份重要的会议记录，公署长官朱绍良主持丙种汇报的记录摘要。（罗广斌、杨益言《红岩》）

②如果……她现在应该有一种昂首不羁的精神，一种什么困苦都吃得消的活力，应该是突破纪录的女性的新典型，像眼前的几个女子那样。（叶圣陶《倪焕之》）

链接："记"和"纪"

"记"和"纪"古代用法经常相通。但从由这两个字构成的现代汉语常用词来看，"记"和"纪"是有分工的，两者在不同的场合出现，有一定的规律性。

构成动词时，"记"主要有两个义项。一是把印象保存在脑子里，如"记忆、记性、记得、记清、记住"等；二是记录、记载、登记，如"记事、记账、记录、记功"等。而"纪"构成动词时，只与少数几个字搭配，构成"纪念、纪事、纪实、纪要"等专用词，其余都用"记"。

构成名词时，"记"常用的有三个义项。一是指书或文章、文体，如"日记、笔记、游记、《岳阳楼记》"等；二是指标志、符号，如"标记、记号、暗记"等；三是指皮肤上生下来就有的深色的斑，如脸上的黑记。"纪"构成的名词较少，如"纪年、纪元、纪传"。

祭日｜忌日

[错例] 恰逢这位名人的祭日，在蜡像馆举办纪念他的活动将更有意义。

【诊断】

"祭日"应为"忌日"。音同义近致误。两者都是名词，都指与人逝世有关的具有纪念意义的日子，而且实际所指有可能出现重叠，即"忌日"就是"祭日"的情况。但是它们所指的具体含义存在区别，不能混淆。

【辨析】

"祭日"是举行重大祭祀活动的日子。"忌日"又叫"忌辰"，本指父母及其他亲属逝世的纪念日，后扩大范围指凡祖先去世及皇帝、皇后去世的纪念日，也泛指自己所尊敬的人去世的纪念日。因为按照旧俗这一天相关人等忌举行宴会或参加娱乐，所以叫忌日。两者之间主要有以下区别：

第一，表现形式不同。"祭日"重在"祭"，即祭祀，因此必须举行隆重的祭祀、祭奠的仪式。"忌日"重在"忌"，即避忌，所以主要指人们在这一天内心怀念已经去世的人，避忌娱乐等活动，不一定举行祭奠的仪式。

第二，纪念对象不同。"祭日"可用于祭奠人，也可用于祭祀非人的神，如日神、土神等。"忌日"只用于纪念已去世的人。

【正例】

① 因为是祭日，贡品一律戒荤，献贡，烧香，跪祈，

放鞭炮，祭祀的过程十分漫长。（《闽南日报》2004 年 11 月 17 日）

②事亲，当然要尽孝，但殁后的办法，则已归入祭礼中，各有仪，就是现在的拜忌日，做阴寿之类。（鲁迅《准风月谈·礼》）

链接："忌日"亦"祭日"

有时候"忌日"和"祭日"可能重合在一起。端午节就是一个例子。

农历五月初五的端午节，是中华民族古老的传统节日之一。根据传说，我国第一位伟大的爱国主义诗人屈原是在这一天投汨罗江而死的，所以这一天是他的"忌日"。还传说，在他死之后，楚国百姓哀痛异常，纷纷涌到汨罗江边去凭吊屈原。渔夫们划起船只，在江上来回打捞他的尸身。有的渔夫拿出为屈原准备的饭团、鸡蛋等食物丢进江里，说是让鱼龙虾蟹吃饱了，就不会去咬屈大夫的身体了。后来这些活动延续下来，并演变成了龙舟竞渡、吃粽子、喝雄黄酒等各种仪式，成为一种习俗，人们以这样的形式来祭奠屈原，所以这一天又成了一个"祭日"。

交会|交汇

[错例] 位于轻轨 13 号线和地铁 5 号线区域交汇处的立水桥站区域是北京新诞生的一个商圈。

【诊断】

"交汇"应为"交会"。音同义近致误。两个词都是动词，都含有一个"交"字，而且"会"和"汇"都有"合"的意思，都指两样事物相交、会合。但二者含义侧重点和用法还是有区别的，要细加辨别。

【辨析】

"交会"和"交汇"两个词语的区别主要体现在：

第一，词义侧重不同。"交汇"侧重"汇"，强调双方不但接触接合，而且融合在一起，不能再分开。如长江口河水与海水"交汇"，咸水与淡水就交融在一起了。"交会"侧重"会"，强调双方在某一点上接合、相交，往往合后还会分开。如京广、陇海两条铁路在郑州"交会"。

第二，适用对象不同。"交汇"一般用于水流、气流等聚集到一起，如江河、大气环流、海洋洋流等汇聚。"交会"一般用于水流、气流之外的事物的会合，尤其多用于交通要道、公路、铁路、街道、车辆等。

【正例】

①藏书里是一条小得两辆黄包车也难以交会的弄堂，两棵高大的香樟树把里弄遮得不见天日，石子路上长满了苔藓。（陆文夫《人之窝》）

②辰溪县的位置恰在两条河流的交汇处，小小石头城临水倚山，建立在河口滩脚崖壁上。（沈从文《辰溪的煤》）

链接：交"汇"

"汇"，是"彙"和"匯（滙）"两个繁体字的简写。"交汇"应该是"交匯（滙）"还是"交彙"呢？

"彙"，《说文解字》解释为"虫似豪猪者"，本义指刺猬。后借用指"类，族类"，如"汇类（分类再聚集）""汇纂（类集编纂）""汇进（连类同进）"等中"汇"的繁写为"彙"。后又由同类相聚的特点引申出"聚合、聚集"的意思，如"汇编""汇总""汇集""汇展""汇报"等中"汇"的繁写为"彙"。

"匯"，《集韵》释为"水回合也"，即水流聚集的意思。如"汇流""两江汇合""百川所汇""小河汇成大河"中的"汇"繁写为"匯（滙）"。

由此可见，"交汇"用于水流、气流相交聚集，应该是"交匯（滙）"的简写。

接受｜接收

[错例] 我通过微信把新一年的工作计划发给了你, 请你上网的时候接受一下, 并给以批评指正。

【诊断】

"接受"应为"接收"。音近义近致误。两个词都是动词, 都表示接到、承受的意思, 但接"受"不一定接"收", 反之亦然。运用的时候需仔细辨别。

【辨析】

"接受"有承认、容纳而不拒绝的意思, "接收"有收纳的意思。两者可从以下方面去辨别:

第一, 主观意愿不同。"接收"侧重于行为方面, 心理上不一定同意。而"接受"则侧重于主观方面, 也就是愿意接收某样东西, 已有将东西纳入自己范围、纳为己有的意味。所以"接受"含同意、认可、承诺的意思, 而"接收"只表示收到, 但不一定同意、认可, 以后还可以将收到的东西返还。

第二, 适用对象不同。抽象性的词语如"任务、邀请、考验、教训、批评、建议"等, 常用"接受"。赠送的财物如"礼品、遗产"等比较具体的对象常用"接受"。需要进一步处理的对象如"稿件、无线电信号、邮件"等用"接收"。政治、法律、军事上根据章程、法令、命令接管机构、财产、接纳新成员等, 常用"接收", 如"中国政府接收了香港的主权"。

第三, 语法功能不同。"接受"能带动词性宾语, 如"接受检验"; "接收"只能带名词性宾语, 如"接收短信"。

"接受"可以受"虚心""诚恳"等词语修饰；"接收"不能受这些词语修饰。

【正例】

①现在的年轻人不知道有这本书，没有读过，较老的读者也会忘记这本书，因此，它的重新问世，重新在读者中接受考验，我以为是一件好事。（丁玲《〈太阳照在桑干河上〉重印前言》）

②对于教育方面，也不是绝不理会；但忙着的是接收这个学校，清查那个学校的事。（叶圣陶《倪焕之》）

链接：法律用语"收受"

"收受"这个词，《现代汉语词典》解释为"接受，收取"。常用于法律上与经济犯罪有关的场合，所带宾语往往是钱财之类，如"收受贿赂""收受礼金""收受红包""收受回扣"。

"收受"，从词语结构来分析，由"收"和"受"两个字组成，分别包含了"接收"和"接受"的意思。"接收"表示别人贿赂的钱财拿到自己的手上，强调在客观上存在受贿事实。"接受"表示内心对贿赂已经认可，强调在主观上有受贿意愿。这种情况下，如果"收受"换成"接收"或"接受"都是不恰当的。对别人送来的钱物，"收（接收）"不一定要"受（接受）"，还可以在收到之后主动退还或者上交；"受（接受）"也并不一定要"收（接收）"，心里已经接纳钱物，可能因为某种原因还未到自己的手上，也可以不到自己名下。

因此在法律上用"收受"来表达此类行为，兼顾客观事实和主观意愿，更为严密、准确。

截至 ┃ 截止

[错例] 中国内地自 2003 年初发现非典型性肺炎以来，截止 3 月 31 日，共报告非典型性肺炎 1190 例，其中广东 1153 例、北京 12 例、广西 11 例、湖南 7 例、山西 4 例、四川 3 例。

【诊断】

"截止"应为"截至"（或"截止于"）。音近义混致误。"截止"中心义在"止"，"截至"中心义在"至"。"截止"后加上"到"或"于"，就与"截至"相当了。两者有联系，也有区别，不能混淆。

【辨析】

"截至"与"截止"都表示行为、动作等的时间界限，但"截止"的意思是"（到某期限）停止"，"截至"的意思是"停止于（某期限）"。辨别两者的不同要注意以下两点：

第一，侧重点不同。"截止"重在"止"，即在某计时点上，事件进程已经完结或基本完结，将不再继续。"截至"重在"至"，强调的是到某计时点上的事态如何，不强调事情的完结。"报名今天截止"表示的是今天报名结束。"截至今天报名人数已达一万"表示的是从开始到今天的报名进展情况。

第二，用法不同。首先，"截止"只能置于表示时间的词语之后，"截至"则要置于表示时间的词语之前，情况正好相反。例如："这项工作到今年 6 月底截止。""这项工作截至今年 6 月底，……"在"截止"后加上"到"或"于"，就与"截至"相当了。"截止于昨天下午三点"就等于"截至昨天下午三点"。其次,"截止"可以和"时间""日期"等词语构成"截止时间""截止日期","截至"没有类似用法。

【正例】

　　①她敢肆无忌惮地说这样的话,但对于下属能否参加此项活动,一直到报名快要截止的日期,还没有明确表态。(李国文《情敌》)

　　②截至今晚 19 时,神舟六号飞船已按预定轨道环绕地球 23 圈,飞行 34 小时。(《人民日报》2005 年 10 月 14 日)

链接:"截至 + 时间词语 + 止"中"止"有必要吗?

　　有词典曾在"截至"词条中举例:"报名日期截至本月底止。"

　　此例句不当,应将"止"去掉,改为:"报名日期截至本月底。"因为"截至"本来就是"截止到"的意思,已经隐含着"截止"的意思,即已经有到某时间结束的意思。因此,例句中的"止"是多余的,应去掉。

界限┃界线

[错例] 地理学家认为，长江与黄河之间的秦岭淮河一线，是我国划分南方和北方的地理界限。

【诊断】

"界限"应为"界线"。音同义近致误。两个词都是名词，都可以指不同事物的分界。由于在某些场合两个词可以换用，因此常被人混淆，其实两者并不能无条件替换，有些场合是有明显区别的。

【辨析】

"界限"与"界线"有相同义项，都可以表示"不同事物的分界"。当用于抽象事物时，两词可以通用。例如："我们要同犯罪团伙划清思想界限。"句中的"界限"也可改用"界线"。但是它们之间存在区别，不能完全相通。

第一，适用场合不同。

能用"界线"而不能用"界限"的情况：用于具体对象时，只能用"界线"而不能用"界限"。如"界线"可作"两个地区的分界的线""事物的边缘"解，"界限"没有此用法。"两个国家的界线"中的"界线"是指"两个地区分界的线"，"标枪投掷区的界线"里的"界线"是指"事物的边缘"，两处的"界线"都不能用"界限"替换。

能用"界限"而不能用"界线"的情况："界限"可作"尽头处""限度"解，"界线"没有此用法。如："敌人的野心是没有界限的。"此处的"界限"即作"限度"或"尽头处"解，不能用"界线"替换。

第二，搭配不同。尽管两个词有时候能用作同一个动词的宾语，如"划清界限／界线""界限／界线分明"，但是由于"界线"侧重于边线，而"界限"侧重于限度，因此和动词的搭配情况也有不同。"界线"可以和"跨越""标出"等搭配，"界限"不行。"界限"可以和"突破"等搭配，"界线"不行。

【正例】

①上海出期刊的，有一种是一个团体包办，那自然就不收外稿。有一种是几个人发起的，并无界限。（鲁迅《书信集·致陈君涵》）

②广场的外围，在第二次世界大战期间，曾被希特勒划了一道界线，作为梵蒂冈的临时国界。（吴伟材《宗教艺术圣地梵蒂冈》）

链接："线"与"限"

"线"和"限"字义上的差别还是非常大的。"限"是一个形声字。从阜，艮（gèn）声，本义为阻隔。由于阻隔而不能与外面沟通，于是引申为"限制、限定"，再引申为某一个限定的范围的外沿，即"边界"。如清姚鼐《登泰山记》说"长城之限"，这里"限"就是"边界"的意思。"线"也是一个形声字。从糸（mì），戋（jiān）声。本义是用棉麻丝毛等材料拈成的细缕。引申为记录边界、区域的细长的标记，例如"中线""边线"等。

从最初的意思来看，"限"侧重不超出范围，"线"是作为标记的线条。"限"分开的是"里边"与"外边"，"线"可以分"这边"和"那边"。"界限"和"界线"意义和用法上的不同就和这两个字的区别有着密切关系。

砍价|侃价

[错例] 你找老王啊？他一大早拉了一车西瓜在街上卖，现在正和买瓜的人砍价呢。

【诊断】

"砍价"应为"侃价"。音同义近而致误。两个词词性相同，都指在买卖时就价格问题进行讨论。"砍"和"侃"的意思有时候是相通的，如"砍大山"等于"侃大山"。

【辨析】

两个词都是动词，"侃价"指买卖双方讨价还价，"砍价"指买主在讨价还价时杀价。两者的区别主要表现在：

第一，主体有别。"侃价"是买卖双方的共同行为，你开价，我还价，买主在"侃"，卖主也在"侃"，是一种一来一往双方互动的过程。而"砍价"是买主单方的行为，卖主通常是不会自己"砍价"的。

第二，侧重点有别。"砍价"侧重于动作的目的性，其目的非常明确，就是买方在原定价格基础上要求降价。"侃价"侧重于动作的过程，尽管也是买主要求降价卖主要求升价，但"侃价"一词所侧重的并不在于此，而在于双方讨价还价的过程，包括双方使用的手段、技巧、策略等。

第三，气氛有别。"侃"带有一些闲谈、闲扯的味道，整个过程显得气氛比较宽松。"砍价"一方进攻，一方抵御，有较明显的火药味，过程有些紧张。

【正例】

①专门为购买沙发者砍价的孙先生和几个同伴组成了"砍价公司"。（《人民日报·海外版》2005年6月14日）

②现在他已经成了马家峪买房者与卖房者之间的中人，整天忙于领着人看房、侃价、立字据、按手印什么的。（铁凝《第十二夜》）

链接：此"侃"非彼"侃"

"侃"在古代主要有两个意思，一是"刚直"，二是"和乐、从容"。成语"侃侃而谈"中的"侃"，意思就是理直气壮、从容不迫的样子。

时下"侃"成了颇为流行的一个词，产生了诸如"瞎侃""神侃""胡侃""调侃""侃大山"等词语。这个"侃"与"侃侃而谈"中的"侃"并不相同。这个"侃"来源于北京的方言，意思是说话、闲聊。例如，特别能聊的人叫"侃爷"，漫无边际地闲扯叫"侃大山"。因为在口语中也念"kǎn"，所以就在书面上借用了"侃"这个同音字。有时候也写成"砍"，如"砍大山"。

因为"侃"字的缘故，"侃价"和"侃大山""神侃"等是一个家族的，意思是讲价、聊价格。其中的"侃"自然与表示"刚直"或者"和乐、从容"的"侃"不是一回事。

空当|空挡

[错例] 留村小学五年级的一名教师在暑假期间调离该校，而该校上报此事时间较晚，所以在教育局安排教师过程中出现了一段空挡。

【诊断】

"空挡"应为"空当"。音近形近义混致误。两个词除了读音相近字形相似之外，意义上没有什么关联。"空当"是一个日常生活中的名词，"空挡"是一个汽车驾驶术语。多数情况下是因为"当"与"挡"相混而产生问题。

【辨析】

对"空当"和"空挡"进行辨析要注意以下方面：

第一，读音不同。"空当"读"kòngdāng"，"空挡"读"kōngdǎng"。

第二，含义不同。"空当"的"空（kòng）"，义为"没有被利用的、未被占用的"。"空当"既表示时间概念上的空隙（例"等我有了空当就去找你"），也表示空间概念上的空隙（例"看台上挤满了人，没一点空当"）。"空挡"的"空（kōng）"，相当于"没有"。"空挡"与"一挡""二挡"一样，是汽车等运行的挡位之一，具体指汽车或其他机器的变速齿轮所在的一个位置。在这个位置上，从动齿轮与主动齿轮不相连接，汽车等在下坡滑行、刹车后期及平地停车状态时使用。

【正例】

①小白所以具有这样的能力，一是因为他基本伴随阿五头的思想成长，中间虽然有些空当，但也以他的聪明和虚心好学赶上了。（王安忆《妹头》）

②他的确谙熟自己这匹坐骑的秉性，知道怎样适度地摆弄才能使它处于良好的运行状况，他把车挂在空挡上，徐徐地一推，旋即踏脚——"噗、噗噗噗……"——成了。（晓宫《三线不配套工程》）

链接："挡"

很多人不知道常说的汽车"挂挡"用的都是"挡"字，如"二挡""空挡"等，而极易将它写成"当"或者"档"。其实，"挡"就是指"排挡"。它不能写成"排当"，因为没有"排当"这个词语。而和另一个词"排档"极易搞混。"排挡"指汽车、拖拉机等用来改变牵引力的装置，用于改变行车速度或者倒车。"排档"指设在路旁、广场上的售货处，如小吃排档、服装排档。

小汽车挡位分类不同，一般分五至六个挡位，大型汽车多到九个挡位。按挡位高低分"一挡""二挡""三挡"等等，决定车子运行的速度由慢到快，还有特殊的挡位如"空挡""倒挡"等。既然是一种挡位，"空挡"就不能写成"空档"或者"空当"。

夸奖|夸耀

[错例] 小王大学刚毕业，很勤奋，又很虚心，交给的任务完成得非常出色，所以经理逢人就夸耀他。

【诊断】

"夸耀"应为"夸奖"。由于义近而致误。"夸奖""夸耀"都有"夸"的意思，都含用语言夸赞、赞美之义，但是"夸"的对象和意图并不相同。使用时要仔细辨别。

【辨析】

两个词都是动词，都指用语言作为手段，把长处或好的方面说出来让人知道。但是同中有异，它们之间的区别在于，"夸奖"是以"夸"作为"奖"（鼓励），"夸耀"是以"夸"实现"耀"（炫耀）。具体表现在这几个方面：

第一，动作对象不同。"夸奖"一般用于夸赞别人，不能用于自己。而"夸耀"恰恰相反，一般用于夸赞自己或家人。

第二，动作目的不同。"夸奖"侧重在夸赞、表扬他人的优点、长处、成绩等，意在从精神上给予鼓励。"夸耀"侧重于通过夸赞以达到炫耀、显示自己的地位、权势、财富、才能、功劳等的目的。

第三，感情色彩不同。"夸耀"作为自己对自己的夸赞，往往指那种不恰当的自我宣传、自我吹嘘，所以是一个贬义词。"夸奖"称赞别人的好处，可以是实事求是的称赞，也可能是不合实际的称赞，无所谓褒贬，是一个中性词。

【正例】

①老洪和他的队员们，像孩子给自己家里做了一件好事，而受到家人的夸奖那样，感到兴奋和喜悦。（知侠《铁道游击队》）

②她送给丈夫一份可在人前夸耀的资本，留给自己一份难言的快乐。（毕淑敏《跳级》）

链接："奖"和"耀"

"奖"，《说文解字》的解释是"奖，嗾（sǒu）犬厉之也"。段玉裁注："嗾，使犬声也。厉之，犹勉之也。"也就是说，"奖"本义为用声音来激励促使狗更好地追逐猎物。后来就有了"劝勉、鼓励（他人）"的意思。"耀"，《说文解字》的解释是"耀，照也"，本义为"照射，放光"。由"照耀、放光"引申出这样的意思：故意将自己好的地方或好的东西显露出来，就像放光的东西那样显眼。于是就有了"显示、炫耀"之义。

"奖"是鼓励别人，"耀"是炫耀自己，这就使得"夸奖"和"夸耀"在使用对象上有了明显区别。

礼义｜礼仪

[错例] 和人初次见面，握手的力度要适当，不要太重，也不要太轻，这是社交礼义的要求。

【诊断】

"礼义"应为"礼仪"。音近义近而致误。两个词读音相近，都与"礼"有关，而且在古代"礼义"也通"礼仪"，所以容易用混。现在两者已经有了明确分工，要仔细加以区分。

【辨析】

"礼仪"指社会生活中由于风俗习惯而形成的为大家共同遵守的礼节和仪式。"礼义"指崇礼和行义的道德规范，与"廉洁""知耻"一同组成伦理价值判断，是我国古代推行的道德准则。两者有着一些明显区别：

第一，内在与外在的不同。"礼义"在古代主要用来解释儒家的理论，是存在于人们内心的道德准则，是内在的、抽象的东西。"礼仪"是人们社会活动中的行为方式，表现为一些可操作的仪式，因此是外在的、形式化的东西。如果说"礼仪"是一种具体的行为举止，那么"礼义"就是一种具体的行为举止的价值判断。

第二，搭配上存在的不同。"儒家纲常礼义""礼义观念"不能把"礼义"换成"礼仪"。"外交礼仪""商务礼仪""西餐礼仪"等不能把"礼仪"换成"礼义"。与动词搭配时，常说"尊崇礼义"，或者"懂礼仪""学礼仪""知晓礼仪"。

【正例】

①　本道自幼脱离凡尘，素来是正身修心，一心向善，讲道德，重礼义，敬神仙，爱生灵。（曲波《林海雪原》）

②林君很知礼仪，他走过来和我握手，并说："你今天讲得真好，我甘拜下风了。"（陈香梅《初恋青春》）

链接："礼仪之邦"还是"礼义之邦"？

有人说我国是"礼仪之邦"，也有人说是"礼义之邦"。但到底哪个说法正确呢？其实各有道理，只是侧重有所不同而已。"仪"即仪式，是一种程序性的规范。"礼仪"就是指关于"礼"这种政治制度的规范程序和"仪式"，"礼仪之邦"即是说我国是一个讲求礼节仪式的国度。"礼"和"义"分别指礼法和道义，讲我国是"礼义之邦"，即表明我国是一个崇尚礼法、重视道义的国家。

厉害｜利害

[错例] 我刚接手这件事，原本以为处理起来会很简单，却不知道这背后还有他们双方这么复杂的厉害关系。

【诊断】

"厉害"应为"利害"。音近义混致误。两个词对应的单字读音相同，而且古代"利害"包含了"厉害"的意思。由于两个词之间存在这种复杂关系，导致经常出现混用的情况。现代汉语中两个词有明确分工，要仔细加以分辨。

【辨析】

"厉害"和"利害"已经由过去存在意义重叠的情况，转变成了各司其职。

第一，读音不同。在口语中，两个词的发音有细微区别："厉害"读"lì•hai"，"害"字读轻声；"利害"读"lìhài"，"害"字仍读本音。

第二，词义不同。"厉害"词义复杂。可以指凶猛、难以对付，如"这些敌人很厉害"；可以指严格、严厉，如"张老师非常厉害"；可以指程度剧烈、严重，如"他病得厉害"；还可以指器物性能和人的功夫了得，如"他真厉害"。"利害"词义单一，指利益和害处，如"利害得失"。

第三，语法功能不同。"厉害"是形容词，可以受程度副词"很""非常"等修饰，可以作状语和补语；"利害"是名词，经常充当主语和宾语。

【正例】

①看去并没什么出奇的地方，然而这东西据说抽起水来就比七八个壮健男人还厉害。（茅盾《秋收》）

②由于工程不小，人手有限，旱龙台附近几个跟护堤有利害关系的村子又来了一批壮劳力。（康濯《东方红》）

链接：古代没有"厉害"

古代只有"利害"这个词，而没有"厉害"。"利害"，由"利"和"害"两个字并列构成，一是指利益与损害，二是指形势的便利与险要。例如《史记·龟策列传》："先知利害，察于祸福。"到了后世白话中，"利害"又有了凶猛、猛烈、严厉、程度很高等意思。例如，《西厢记》第五本第一折："往常也曾不快，将息便可，不似这一场清减得十分利害。"《二十年目睹之怪现状》第九十九回："此刻我的水不过泼在他轿子上，并没有泼湿他的身，他便把我打得这么利害！"这就是现在"厉害"的意思，但当时并无"厉害"的写法。只是到了现代汉语中，"利害"的这一部分义项就被"厉害"接管过去，于是就有了"厉害"和"利害"的分工。

流传｜留传

[病例]这首小诗，虽然只有短短八句，自从在网上亮相以后，立即引起轰动，在年轻人中留传开来。

【诊断】

"留传"应为"流传"。音同义混致误。在古代汉语中，"留"可通"流"，故"留传"也有流布、传开的意思。现代汉语中两字已有分工，"留传"和"流传"不宜再混用。

【辨析】

"流传"和"留传"的共同点是，都有一个"传"字，但一个是"留"传，一个是"流"传。其区别主要表现在三个方面。

第一，"传"的范围不同。"流传"既是纵向的，指时间上的由前往后；又是横向的，指空间上的由此及彼。所以可以说"孔子的思想流传千古"，也可以说"焦裕禄的事迹流传全国"，前者是时间的传承，后者是空间的扩散。而"留传"只能是纵向的，它只能传下去，而不能传开来。以上面的例句来说，一首小诗由网上传开去，理应用"流传"而不是"留传"。

第二，"传"的态度不同。"流传"侧重的是一种自然形态，是依靠传的对象自身的生命力和辐射力，产生跨时空的影响。而"留传"则多带有主观色彩，有时甚至是当事人刻意要把某些东西保存下来并传递下去。比如，"这个青花瓷碗是祖上留传下来的"，这里说的是前人有意把财产传给后人，理应用"留传"而不是"流传"。

　　第三，"传"的对象不同。"流传"偏重于精神层面，"留传"偏重于物质层面；"流传"的对象往往是抽象的，"留传"的对象则往往是具体的。有一句一直在念叨的广告语——"钻石恒久远，一颗永留传"，"留传"一词用得还是正确的。

【正例】

　　①自从朱老巩死了以后，方圆百里出了名，一直流传到现在，人们还是忘不了他。（梁斌《红旗谱》）

　　②非洲人很好地继承了祖先留传下来的传统文化，许多人迄今仍保持着固有的生活习惯。（《人民日报》2007年2月2日）

链接：此"流"和彼"留"

　　"流"为形声字，左形右声。最初的写法，两边都是水，当中是个"流"字。"流"即旒旎的"旒"，旗子上的飘带。"旒"由上而下，自然下垂，犹如水的由高到低，自然流淌。所以，"流"的本义是指水以及其他液体的流动。

　　"留"亦为形声字，下形上声，下面是个"田"字。"田"在我们老祖宗的心目中，是有特殊地位的，它是我们劳作的场所，也是我们生存的依靠。我们是不能轻易离开田的。所以，"留"有停义、止义，和去、离相对。

　　"流"是动态的，"留"是静态的。"流传"和"留传"在现代汉语中的区别，和"流""留"的字义有关。

留恋｜流连

[错例]就要毕业离校了，大家都十分流连这学习了四年的地方。

【诊断】

"流连"应为"留恋"。音近义近致误。"流连"曾经也可写成"留连"（现已规范写作"流连"），"留连"词形上与"留恋"更相近。虽然都表示不舍之义，但是其间细微差别必须分辨清楚。

【辨析】

"留恋"和"流连"在词义上有某些相同之处，都有"难舍难离"的意思，但在词义和用法上都有明显的区别。

第一，难舍的原因不同。"留恋"指心存依恋而不忍分开，常为心里存有深深依恋之情，感情相对内敛、深沉；"流连"一般指受到吸引而不愿离去，带有喜爱、欣赏、陶醉的心情，感情比较外露，行动上常有在某处盘桓、滞留的表现。

第二，难舍的对象不同。"留恋"表示难舍的对象范围比较广泛，可以表示对人、对事、对物的依依不舍的情感，如亲人、母校、故乡等；"流连"表示难舍的对象范围比较狭窄，一般用于自然景色、名胜佳境等供人赏玩的景物或处所，不能用于人。

第三，语法功能不同。"留恋"可以直接带宾语，如"留恋故乡"。"流连"通常加上"于"然后再接宾语，如"流连于山水之间"。"留恋"是表示心理活动的动词，所以可用程度副词"很、非常、十分"等修饰，如"非常留恋"；"流连"不能这样用。"流连"常组成成语"流连忘返"来使用。

【正例】

①这个山东小青年握着我的手一再说:"你要再来啊!"我也感到留恋。我连声回答:"我一定再来。"(巴金《杨林同志》)

②这时他其实说不上有什么感触。主要不过是不想马上走出邮局的门,想借此多流连一会儿。(吴组缃《山洪》)

链接:"流连"起于游乐

"流连"一词以及成语"流连忘返"都源于《孟子·梁惠王章句下》,原句:"从流下而忘反,谓之流;从流上而忘反,谓之连。"意思是:从上游向下游游玩,乐而忘归叫作"流";从下游向上游游玩,乐而忘归叫作"连"。所以后来就用"流连"表示耽于游乐而忘归,进而表示因对事物喜爱、依恋不舍而盘桓、滞留。

"流连"还有"留连"的写法,词义相同。《第一批异形词整理表》淘汰了"留连",保留"流连"。所以,只能写作"流连忘返",而不能再写作"留连忘返"。

谋取 | 牟取

[错例] 第四届"山区经济洽谈会"即将召开之际，我市正全力以赴做好参会准备，力争在加强与山区合作、拓展发展空间、牟取双方共赢方面取得更大成效。

【诊断】

"牟取"应为"谋取"。音同义近致误。两个词都有设法取得的意思，然而取得什么，如何取得，并不尽相同。如果对二者之间的细微差别不加分辨，极易造成混用的结果。

【辨析】

"牟取"通常解释为"谋取（名利）"，"谋取"的释义是"设法取得"，意思极为接近。作为一组同义词，还存在着下面几点区别：

第一，使用范围不同。"牟取"通常指获取名利，尤其多用于获取金钱等物质利益。而"谋取"则可用于设法获取各种各样的事物，如"谋取长期竞争优势""谋取此役的胜利""谋取生存的勇气和本领"等等。由此看来，"谋取"的适用范围比"牟取"广得多。

第二，使用手段不同。"谋取"是指设法运用各种手段，如知识、技能、经验等手段获得利益的行为，可以是正当的，也可以是非正当的。"牟取"则一般指运用不正当甚至非法的手段取得利益。

第三，感情色彩不同。由于"牟取"隐含贪婪、不择手段的意思，所以是贬义词。"谋取"是中性词。

【正例】

①一个人用行动来爱他的民族国家，就是从大处谋取他的利益，保障他的利益。（吴组缃《山洪》）

②听说这个皇店利用漕运，从江南运米到京畿牟取暴利，还勾通运粮官校，将国家粮食作为店中私粮出售，没人敢吭一声。（姚雪垠《李自成》）

链接："牟"通"蟊"

"牟取"之所以有贪取、采取不正当方式夺取的意思，要从"牟"字的原义来认识。

在古代，"牟"通"蟊"，和"贼"并称"蟊贼"，都是吃禾苗的两种害虫。《隶释·汉竹邑侯相张寿碑》："蟊贼不起，疠疾不行。"就是说害虫不生，疾病也不流行。然后，"蟊贼"又由害虫比喻坏人。《晋书·文帝纪》中有"帅其蟊贼，以入寿春，凭阻淮山，敢距王命"。

"牟"通"蟊"，用作动词，在"蟊"原来含义的基础上引申出贪婪地获取、不择手段地侵夺的意思。《汉书·景帝纪》："渔夺百姓，侵牟万民。"颜师古注引李奇曰："侵牟食民，比之蟊贼也。"《明史·丛兰传》："陕西起运粮草，数为大户侵牟，请委官押送。"这里"侵牟"就是侵夺的意思。现代汉语里"牟取"的"牟"正是出自此义。

目不暇接｜应接不暇

[错例] 仿佛走进了一座金碧辉煌的宫殿，惊奇地发现世间原来有这么多闪耀着迷人光辉的艺术珍品，他应接不暇，心醉神迷。

【诊断】

"应接不暇"应为"目不暇接"。由于成语义近而致误。两者都指无暇去应接，即没有时间，来不及对付的意思。但是，一个明确是"目"即眼睛的动作，一个只强调"应"，而并未确定是哪一方面的动作。因此两个成语有区别，不能混用。

【辨析】

"目不暇接"和"应接不暇"的主要区别体现在以下方面：

第一，适用范围大小不同。"目不暇接"侧重用眼睛看，指因为东西太多，眼睛看不过来。"应接不暇"侧重于应对，可以指景物繁多来不及观看，但不限于用眼睛看，还指回应、应付其他事物而忙不过来。前者适用范围小，而后者适用范围广。

第二，动作发出者主动性不同。"目不暇接"多用于观看静态事物，人作为动作者，往往处于比较主动的地位，如"一路走来，两旁风景如画，令人目不暇接"。"应接不暇"多用于应付相对运动的景物、人或事情，因此作为动作者的人往往处于比较被动的地位，应对其他人或事是这样，观看某事物也是这样，如"客人们纷纷和他打招呼，令他应接不暇"，"顺江东下，三峡两岸的美景扑面而来，令人应接不暇"。

【正例】

①这些衣服款式更替得这么快速，叫人目不暇接。（王安忆《妹头》）

②统战工作中所接触到的人和事，纷至沓来，大有应接不暇之势，我把这些素材一一记了下来，写了比较详细的写作提纲，不断修改。（周而复《上海的早晨·序》）

链接：选择填空

1996年全国普通高等学校招生语文试题有一道题，有四个句子各空出一处需要填入一个最合适的成语，后面提供四组答案供选择。其中有两个句子，对应的供选择的成语是"应接不暇"和"目不暇接"。这两个句子是：

故宫博物院的珍宝馆里，陈列着各种奇珍异宝、古玩文物，令人____。

汽车向神农架山区奔驰，只见奇峰异岭扑面而来，令人____。

前者答案是"目不暇接"，后者答案是"应接不暇"。博物馆里的珍宝、文物很多，人们一般是主动去观看鉴赏的；而在行驶的汽车上看两边的景色，人往往是被动地欣赏。因此应该这样选择而不能换过来用。

品味｜品位

[错例]一个有品味的城市,除了有林立的、代表其大都市建筑的高楼,也就是城市骨骼之外,最需要具备的就是有一套系统完善的交通血脉。

【诊断】

"品味"应为"品位"。由于音同致误。两个词都有"品"字,但意思不同,一个是"品尝",一个是"品级";"味"和"位"读音相同,意思明显有别。不能仅凭读音相同而把它们等同起来。

【辨析】

区别"品位"和"品味"这两个词,要着重注意以下两点:

第一,"品位"只能作名词,而"品味"常作动词用。"品位",含"品级位次"之义。原指古代的官阶、位次,贾岛《吊孟协律》诗:"才行古人齐,生前品位低。"也可以指矿石中的有用元素或它的化合物含量的百分率,含量百分率越大,品位越高,如"这座金矿品位很高"。后来引申出了"事物品质档次的优劣""人的人品学问的高下"这样的意思,如"这本书有品位""这个人很有品位"。"品味"常作动词,含"品尝体味"之义。原义是品尝食物的滋味,如"品味美酒"。后来从具体的品尝物质性的食品引申为对抽象事物的体味,特别是对精神性事物的玩味,如"品味诗句"。这样一来,它们就有了明显的区别,"品味"能够带宾语,而"品位"不能。

第二,"品味"也可作名词,但与"品位"有所区别。

①侧重点不同。"品味"作名词指"品质风味",侧重于感官感知的风味、味道,如"保持茶叶原来的品味"。"品位"侧重于品质的档次。如说"这瓶酒的品位"指酒的品级、档次,而说"这瓶酒的品味"则指酒的味道。②语法结构能力不同。"品位"可以作"有"的宾语,构成"有品位",而一般不说"有品味"。常和它们组合用于评价的形容词也不一样,"品位"常用"高""低"等,"品味"常用"好""坏"等。③适用范围不同。"品位"可用于事物,也常用于人;而"品味"只能用于事物,一般不用于人。

【正例】

①这是卜春秀生平碰到的头一桩奇事,但细细品味,也蛮有意思。(周立波《卜春秀》)

②谌容视文学为生命,倒不是以文学谋稻粱,而是谋生存的高质量、高品位,寻求自身生命存在的最佳形态。(刘蓓蓓《谌容》)

链接:一道高考题

2000年全国春季高考语文试卷有一道选词填空题目,其中有一句是这样的:"如果没有丰富的生活积累与深厚的艺术功底,没有较高的语言文字修养,是很难写出高_____的作品来的。"空白处供选择的两个词分别是"品味"和"品位"。

这道题目的正确选择是"品位"。解题思路应该是这样的:首先,这里应该填入名词,可以排除"品味"的动词义项。其次,描写的对象是"作品",是说明作品的质量档次的,因此能够初步判断为"品位"。再次,前面用"高"来修饰,故可进一步确认上述选择。

期间｜其间

[错例]他父亲抱病工作，一直到 1927 年，期间虽曾几次住院治疗，也没有恢复健康，最后只好放弃治疗，专心养病，拖延至 1936 年逝世。

【诊断】

"期间"应为"其间"。音近义近致误。"期间"与"其间"存在着意义重叠的地方，但是不同之处更多。即使表示相同的意思，两者使用情况也有不同。

【辨析】

"期间"与"其间"的"间"都是"中间"的意思，它们的主要区别在于"期"与"其"。"期"是"时期"，"期间"义即"某一时期中间"；"其"是指代语素，相当于"这""那""这个""那个"，"其间"义为"这中间""那中间"。使用时要从以下几方面去辨析：

第一，使用范围不同。"其间"的"其"起指代作用，指代的对象非常广泛，可以是时间，义为"这期间"或"这段时间"；也可以是空间，指两个以上的人之间、两种以上具体或者抽象事物之间，义为"他（它）们之间""那中间"。"期间"只用于指某段时间之内，不用于其他意义。

第二，同样表示某段时间之内，但用法不同。在句子中，"其间"当中的"其"字与前边表示时间的词语呼应，一般不再需要其他词语的修饰，单用即可，如"他在校三年，其间多次受到表彰"。"期间"则不能单独使用，前边须添加表示某段时间过程的词语，如"暑假期间""采访期间""这期间"等等。

【正例】

①在动土木的期间内，只有用合群的呼啸声才可以把周围的鬼怪吓散开去的。（碧野《没有花的春天》）

②东，是几株杂树和瓦砾；西，是荒凉破败的丛葬；其间有一条似路非路的痕迹。（鲁迅《野草·过客》）

链接：《现汉》例句指瑕

商务印书馆《现代汉语词典》2002年增补本第994页上，在"其间"的词条中举了这样一个例句：离开学校已经好几年了，这其间，他的科学研究工作成绩显著。

这句话中"这其间"是有毛病的。"其间"本来就是"这中间"的意思，由于前面有"好几年"这样表示时间的词语，"其"用来指代这几年，"其间"也就是表示"这段时期（这几年）中间"。"其间"作状语，不用再加其他修饰词语了，所以去掉前面的"这"就行了。不然，将"这其间"改为"这期间"也是对的，此时"这期间"就等于"其间"了。

按，《现代汉语词典》2005年第5版已经换用了正确的例句。

启示｜启事

[错例] 小张看到市里一份大报招聘采编人员的启示，就悄悄跑到报社去应聘，结果被顺利录用了。

【诊断】

"启示"应为"启事"。音同形近致误。"启事"与"启示"是日常生活中使用频繁又常见混淆的同音词。把寻物、招聘之类的"启事"写成"启示"，这类错误常见于日常招贴和书报刊物当中。

【辨析】

"启示"与"启事"虽然读音完全相同，但是含义完全不同。"启示"指通过启发提示使有所领悟，或指得到的领悟。"启事"现在一般指公开声明某事的一种应用文体。我们可以从以下几方面加以辨别：

第一，两个"启"的含义有别。两个词都有一个"启"字，但是两者的含义完全不同。"启"，本义为"打开"，"启示"的"启"是由此引申出来的"开导启发"的意思，"启事"的"启"为告知、表白的意思。于是"启示"就有了经过启发而使人领悟的意思，而"启事"则表示将事情告诉给人的意思。

第二，两者词性有别。在现代汉语中，"启事"通常只限于表示公开说明某事的一种文体，作名词用，如"征文启事""发布启事"等等。"启示"既可以作动词，如"他的一番话启示了我们"，也可以作名词，如"获得了深刻的启示"。

【正例】

①我自己后来做的一条夏季的连衣裙就是在圣·洛朗的启示下设计的。（赵玫《一本打开的书》）

②他认为乘此时机，离婚不必张扬，不用请什么律师，不用报上登什么启事，不用等法院判定多少赡养费等等，他只要和宛英讲妥，一走了之。（杨绛《洗澡》）

链接：一道成人高考题

1999 年成人高等学校招生全国统一考试语文试题中，有一道小题要求从"启示"和"启事"中选择一个词填入这个句子的空白处："中国交响乐团向海内外中国作曲家发出征集交响乐、管弦乐的＿＿＿，作品题材、内容不限，只求风格、手法为更多的听众喜闻乐见。"

题目答案应填"启事"。句中说的是向海内外的作曲家发出的征集交响乐、管弦乐作品的文告，目的是要让有关人员知晓这件事情，而不是要让他们受到启发而领悟某种道理。所以这里应该用表示文体的"启事"。

启用｜起用

这回让你以领导成员的身份参加这个破案组，有关方面不是没有不同意见，是李局亲自在党组会上力排众议，主张重新启用你。

【诊断】

"启用"应为"起用"。音同义近致误。人们往往由于两个词都表示对某对象加以使用的意思而把两者不加区别等同起来。

【辨析】

"启用"和"起用"都是动词，都有对某人或某物加以使用的意思，但是使用对象和情况有所不同，表现在如下两个方面：

第一，关键语素不同。"启用"的关键语素是"启"。"启"，原来的意思是把某物"打开"，引申指"开创"，再引申为"开始"。"启用"就是第一次开始使用。"起用"的关键语素是"起"。前面先有所"伏"，后面才有所"起"，故"起用"有"重新加以使用"之义，古代多指官员遭遇父母丧葬，按守制尚未期满而应召任职。现在多指重新任用已经退职或罢免的官员，也泛指提拔任用人才。

第二，使用对象不同。尽管二者都与"用"有关，但加以使用的对象不同。"启用"可用于"物"而不能用于"人"，常用于设施设备之类的开始使用，如"启用印章""启用新域名""铁路建成启用"，等等。"起用"一般用于"人"而不能用于"物"，可以说"起用退休人员""起用新人"等。

100

【正例】

①只要这只手机再次启用，卫星很快就能跟踪到它的位置。（海岩《玉观音》）

②他们应当改弦更张，去掉几个老汉奸，而起用几个新汉奸。（老舍《四世同堂》）

链接：启用会徽

2004年全国语文高考卷有一道题，要求从"启用"和"起用"中选择一个正确的填写在这个句子的空白处："北京奥运会组委会宣布从2004年起开始将先后＿＿新的会徽和吉祥物标志。"

这里的正确答案是选择"启用"。一是因为奥运会徽和吉祥物标志都是刚刚经历了征集、设计、选拔、定稿，然后开始第一次和公众见面，并被使用在奥运宣传的各种场合；二是因为使用的是会徽和吉祥物标志，都是物品而非人，所以这里应该选"启用"。

情节｜情结

[错例] 既有浓郁的怀旧意味，满足人们的怀旧情节，又提供现代的商业操作模式，制造挣钱的机会。

【诊断】

"情节"应为"情结"。音同致误。两个词尽管读音相同，却是两个来源、意义、用法完全不同的词。不少人往往错把该用"情结"的地方写成"情节"，或把该用"情节"的地方写成"情结"。

【辨析】

"情节"和"情结"都是名词，它们的区别主要体现在以下两方面：

第一，构成语素不同。两个词语都有一个"情"字，但表义各不相同，是不同的语素。"情结"的"情"指感情，"情节"的"情"指事情、情况。"结"和"节"更加明显为不同的语素，"结"指纠结、纠葛，"节"指环节。因此"情结"是指内心的情感纠葛，"情节"是指事情的发生、演变和经过。

第二，使用场合不同。"情结"一般用在人身上，指人的深藏在内心深处的情感，如"恋母情结""乡土情结"等。"情节"一般用在事件或故事方面，如我们把小说、戏剧等文艺作品中矛盾冲突的发生、发展和解决的过程叫作"故事情节"，把犯罪分子犯罪的经过叫作"犯罪情节"，等等。

【正例】

① 如《三国演义》第四回写曹操杀吕伯奢一家的情节，把曹操性格中多疑、奸诈、凶狠的一面就十分生动地勾勒出来了。（何国瑞《艺术生产原理》）

②从劳改队到群专队再到正常社会，在我身上体现的是每况愈下，于是几乎在我意识里种下了"劳改情结"。（张贤亮《青春期》）

链接："情结"的来源

"情结（complex）"一词由德国心理学家于1898年所创，随着弗洛伊德"俄狄浦斯情结"而流行开来。

俄狄浦斯是希腊神话中的一个人物。古希腊神话中有一个预言说，底比斯王的新生儿俄狄浦斯，有一天将会杀死他的父亲而与他的母亲结婚。经历一系列曲折之后，这一预言果然实现了。后来，"俄狄浦斯情结"成了弗洛伊德理论的重要组成部分。他的这一理论认为在性心理的发展过程中，孩子的性要求要在亲近的异性家长那里得到满足，称之为"恋父情结"或"恋母情结"。

现在"情结"一词在心理学上用于指一群重要的无意识组合，或是一种藏在一个人神秘的心理状态中、强烈而无意识的冲动。《现代汉语词典》解释为心中的感情纠结或深藏心底的感情。

权利｜权力

[错例] 在这个单位，他已经掌握了很大的权利，接着就对那些以前得罪过他的人进行打击报复，手段非常卑劣。

【诊断】

"权利"应为"权力"。音同义近致误。两者在词义上存在纠缠、重叠的地方，如"权利"就包含有"权力"的意思。但是一个是权"力"，侧重于"力量"，一个是权"利"，侧重于"利益"，使用时要加明辨。

【辨析】

从"权力"与"权利"构成的语素就可以看出它们的词义有明显区别。"权力"指在政治上的强制力量、在职权范围内的支配力量。"权利"是与"义务"相对而言的，指人民依法行使的权力和享受的利益。可以从以下几个方面加以区分：

第一，行为主体不同。"权利"的主体一般是公民与法人和其他社会团体（国家机关进行民事行为时，也是权利主体）。"权力"的主体则只能是被授予权力的国家机关及其特定的工作人员。

第二，行为属性不同。"权利"行为一般是民事行为与社会政治行为；"权力"行为一般是立法行为、行政行为、司法行为等属于公务的行为，又称"职权"。"权利"一般体现个人或法人等主体的利益；"权力"则不体现权力使用者的个人利益，而体现国家社会的公益。所以，"权利"与

"权力"在一定意义上也可以说是私权与公权的区别。

第三，强制性不同。"权力"具有国家的直接强制力。法律上享有"权力"的主体可以依法要求对应方从事或不从事某事，但它是以国家强制力为后盾的。因此，"权力"的强制性是直接的，"权利"的强制性则须以权力为中介，是间接的。

第四，法律地位不同。"权利"可由权利人独自享有，可以是一种有特定对应方的权利（如债权），也可以是有一般对应方的权利（如财产所有权）。但是双方法律地位是平等的，权利主体对其享有的某些权利还可以转让或放弃。"权力"的行使，须以对应方的服从为条件，是管理与服从关系。"权力"是自上而下的。权力主体对授予它的权力不得放弃或转让，如有怠用或不用就是失职。

【正例】

①他觉得他既没有辜负过任何人，他就应当享有这点平安与快乐的权利。（老舍《四世同堂》）

②这位由突击队员、野战排长升至以军总长、驻美大使及 1974 年～ 1977 年内阁总理的老者，终于重新回到权力的顶峰。（唐师曾《我钻进了金字塔》）

链接："侵权"与"夺权"

"侵权"是"侵害权利"之义，"夺权"是"夺取权力"之义。"权利"是公民依法可以行使的权利和享受的利益，是受法律保障的，任何人不能损害他人"权利"。因此可以说"侵害权利"，即有了"侵权"一词。"权力"是一种政治上的支配力量，往往是希望在政治上取得支配地位的人所争夺的目标，因此有"夺取权力"，即"夺权"。

赡养｜抚养

[错例] 老张媳妇在老张因矿难去世以后，十几年来坚持尽心尽力抚养公婆，一提起这事儿，村里人都赞不绝口。

【诊断】

"抚养"应为"赡养"。义近致误。两个词都有供养的意思。在古代，"赡养"有供养生活所需和对人进行教育熏陶的意思，这样与"抚养"的意思更近。然而，"赡养"现在的含义已经大大缩小，与"抚养"分工很明确了，不宜再混用。

【辨析】

"抚养"与"赡养"的主要区别在于以下两个方面：

第一，使用对象不同。"赡养"是指晚辈对长辈，如法律规定，子女对丧失劳动能力、没有收入来源而生活困难的父母，有赡养义务。同样，在特定条件下，孙子女、外孙子女对祖父母、外祖父母也有赡养的义务。"抚养"是指家庭中长辈对晚辈，如父母、祖父母、外祖父母对子女、孙子女、外孙子女的抚育和教养。我国有关法律规定，父母对子女有抚养、教育义务，不得虐待和遗弃。如果父母离婚，对所生子女仍有抚养和教育的责任。可见，"抚养"关系与"赡养"关系，一个是上对下，一个是下对上，方向正好相反。

第二，词义侧重不同。"抚养"指对人关心爱护并教育培养。这里面自然包括衣食住行等物质方面的供养，但更主要的是对供养的对象从精神上加以关心爱护，对他进行教育培养，使他健康地成长。"赡养"则侧重给对象以生活上的供养、照顾和帮助，多指从财物上提供帮助。

【正例】

①关键在于老人的赡养，必须搁到实处。（陈忠实《四妹子》）

②当日爷爷也还不是一岁就死了爹，全靠老太一人抚养的么。（丁玲《母亲》）

链接："赡养"词义的变化

"赡"，在古代就有供给、供养的意思。汉代桓宽《盐铁论》："内空府库之藏，外乏执备之用，使备寒乘城之士饥寒于边，将何以赡之？"这最后一句是说：将拿什么来供给将士们呢？

由"赡"组成的"赡养"一词，也表示供给生活所需。宋司马光《乞不添屯军马奏章》："今来关中饥馑，仓库空虚，赡养旧兵，犹恐不足，更添新者，何以枝梧？"这里"赡养"就是供养的意思。不过那时"赡养"使用的范围很广，并不限于亲属之间，也不限于晚辈对长辈。除此之外，"赡养"还有教育教养的意思。如汉董仲舒《春秋繁露·玉杯》："简六艺以赡养之。"就是说，选择"六经"来教育人们。

现代汉语中，"赡养"不但丧失了"教育教养"的意思，就连表示"供给生活所需"的范围也大大地缩小，仅限于指晚辈对长辈的生活上的供养了。

申明｜声明

[错例] 德国发表申明：德国将站在军政府的正义立场，强烈谴责日本方面挑起战争的卑鄙行径。

【诊断】

"申明"应为"声明"。音近义近致误。两者都有把事情说明白的意思，如果不仔细加以区别，极易造成混用的现象。

【辨析】

"申明"和"声明"的区别，我们可以从以下三个方面去把握：

第一，词义侧重点有别。"申明"侧重在"申"，就是申辩、解释、说明，包含对所持立场、观点、态度进行解释、辩白、叙说的意思。"声明"侧重在"声"，即郑重宣布，公开表明态度或说明真相，不带解释分辩的意思，语气比较郑重。

第二，使用场合有别。"申明"在于申辩说明，多用于个人或较小范围之内的事情，不一定涉及重大场合，所以可能重复发表，以至于再三"申明"。"声明"可用于个人的事，但更多用于国家、政党、组织、单位等大范围内的事，通常在公开场合发表。因为往往事关重大，发表时态度慎重，所以对同一内容不会重复发表，故一般不会反复"声明"。

第三，词性有别。"申明"只能作动词，可以说"我申明……"，但不能说"发表申明"。"声明"一般作动词，可以说"政府严正声明……"。"声明"还可以作名词,指表示声明的应用文文种名称,属于启事一类,可以说"发表声明"。

【正例】

①M君便发表了我在讲堂上口说的话,大约意在申明我的意思,给我解围。(鲁迅《〈华盖集〉后记》)

②我声明,不要把我算在里面,你们房子卖不卖,我从来没有想过。(曹禺《北京人》第一幕)

链接:关于"申明"的"声明"

2005年11月,某青年作者在网上发表了《××(作者名——编者注)的申明》,称曾经出版过他几部畅销小说的某出版社"出现了严重的隐瞒印数问题",私印他的一部畅销小说,并决定收回他已在该社出版的几部著作的版权。针对该"申明",出版社发表了《关于"××的申明"的声明》予以回复。

有趣的是,尽管都是用以公开表明自己的态度和立场,这位青年作者使用的是"申明",而出版社使用的是"声明"。青年作者显然是误用"申明",且把"申明"当成名词了,而出版社是以集体的名义公开表明自己一方立场,所以使用"声明"。

身价 | 身家

[错例] 自今年年初以来，榜上富豪的身价已经大幅缩水了近2000亿美元，有80多人被"驱逐"出排行榜。

【诊断】

"身价"应为"身家"。音近义近致误。两个词都可以表示自己的钱财、社会地位等，但在具体使用时要细加分辨。

【辨析】

"身价"与"身家"都是近代白话中产生的词，最初意思有明显的区别。"身价"特指妇女卖身的钱，也指人身买卖的价钱，"身家"本指本人和家庭，区分起来比较容易。随着引申义增多，两个词产生了一些纠缠。总体来说，辨别要把握两个词的侧重点。"身家"侧重在"家"，即"家庭"，比较偏重于整个家庭，包括家庭其他成员；"身价"重在"价"，即"价值"，比较偏重于个人。区别：

第一，指整个家庭时，只能用"身家"，不能用"身价"。当表示"自己和家庭成员"时用"身家"，如"身家性命"。表示"家世、家庭出身"也只能用"身家"，如"身家清白"。

第二，指个人某一笔体现劳动价值的收入时，如明星、名人的出场费、劳务费及运动员的转会费之类，只能用"身价"，不能用"身家"。如"不少篮球明星以一千万美元左右的身价转会"。

第三，表示"家产"时，只能用"身家"，一般不用"身价"。因为家产通常不属于某一个人，而属于整个家庭。例如"他们身家虽然贫薄，心地都是非常忠厚的"。

第四，表示社会地位、身份时，既可用"身价"，也可用"身家"。但"身家"侧重于因家里富有而赋予他较高的社会地位，如"你是有身家的生意人"。而"身价"则不一定如此，可能是因为官职高或者其他原因获得的社会影响，如"他使劲抬高身价"。这时就要看表达的实际需要来选用了。

第五，"身价"还可以泛指东西的价值，如"这些大蒜一经这样加工，立即身价百倍"。而"身家"不能这样用。

【正例】

①但对女上级，他倒觉得自己是受了一种"恩赐"，上级看得起自己，无形中抬高了自己的身价呢。（古华《芙蓉镇》）

②正岐利剪刀铺子的东家见周大身家清白，就一力保荐，做成了这桩买卖。（欧阳山《三家巷》）

链接："身价"几何？

"身价"能否用确数来计算，情况大致如下：

当"身价"指妇女卖身的钱或人身买卖的价钱时，可以用确数表示，如郑观应《盛世危言·贩奴》："向有拐贩华人出洋之事，名其馆曰招工，称其人为猪仔。猪仔一名载之西洋，身价五六十元。"

当引申为明星、名人的出场费、劳务费及运动员的转会费等时，也可以用确数，如"某歌星出场费一路走高，目前身价已达15万元"。当表示社会地位时，大凡没有具体数值，只是笼统地说"身价百倍""身价大涨""身价大增""身价大跌"之类。

胜地｜圣地

［错例］《我的长征》在革命胜地遵义开机，于贵州、广西、四川、云南等近十个外景地进行实地拍摄。

【诊断】

"胜地"应为"圣地"。音同义混而致误。两者都表示某一地方，但所突出的特征并不相同，有时还存在交叉纠缠的情况，同一地方既堪称"胜地"，又堪称"圣地"，所以使用时极易混淆。

【辨析】

对于"胜地"与"圣地"之间的区别，我们可以从以下两方面去辨析：

第一，侧重点不同。圣，"神圣"的意思。"圣地"则指"神圣的地方"，主要包括两种：一种是指宗教教徒所称与宗教有重大关系的地方，如伊斯兰教以麦加为圣地。另一种是指有重大历史意义的地方，如我们称延安为红色"圣地"。胜，"优美、美丽"的意思。"胜地"是指著名的风景优美的地方，如桂林可称旅游的"胜地"。可见，"圣地"是就历史、人文而言的，"胜地"是就自然景观而言的。然而，有时候一个地方会兼有"圣地"和"胜地"的特征，如井冈山，既是中国革命的圣地，又是风景如画的旅游休闲的胜地，此时就要看说话者的表达需要了。如果他想要说的是关于自然环境的，就应用"胜地"，如果要说的是有关历史纪念意义的，那么就要选用"圣地"。

第二，搭配的词语不同。因为两个词侧重的特征不同，所以经常搭配的词语也不一样。"圣地"经常构成"宗教圣地""佛教圣地""革命圣地""红色圣地""心灵圣地"等搭配形式，"胜地"则经常构成"旅游胜地""观光胜地""休闲胜地""度假胜地"等搭配形式。两者换过来就是错误的。

【正例】

①那时，鸡公山与北戴河、庐山被誉为中国三大避暑胜地。（碧野《白云·绿树·金花》）

②克尔白是穆斯林尊贵的天房，远在阿拉伯的圣地麦加……（霍达《穆斯林的葬礼》）

链接："胜地"亦"圣地"

中国是一个历史悠久的国家，在漫长的历史长河中，很多地方都是有着"圣地"和"胜地"双重身份的。也就是说，很多地方既有秀丽的风光，又有历史意义或人文价值，比如不少风景优美的名山都是佛教、道教的圣地。佛教四大名山包括四川峨眉山、浙江普陀山、安徽九华山、山西五台山，道教四大圣地包括湖北武当山、江西龙虎山、安徽齐云山、四川青城山。这些名山都有着历史悠久、闻名海内外的庙宇或道观，而且还都有着如画的自然风景。对于僧人、道士和世俗的善男信女来说，这些地方是用来朝拜的宗教"圣地"，而对于普通旅游爱好者来说，就是游览观光的"胜地"了。

失言｜食言

【诊断】

"失言"应为"食言"。音近义混致误。虽然都和"言"
即说话有关，但是一个是"失"言，一个是"食"言，两者
意思相差很大。

【辨析】

"失言"与"食言"都是动词，但所表达的意思存在
明显区别：

第一，基本意义不同。"失"是失掉的意思，"失言"
从字面上看是"丢掉说过的话"，其实是指无意中说了不该
说的话。往往是因为情绪过于紧张、激动或者醉酒后神志不
清，把平时不想说、不敢说的话说出来了。"食"是吃的意
思，"食言"的本义是把说过的话吞回肚子里，引申为不履
行自己的诺言而失信于人。通俗地说，"失言"就是"说漏
了嘴"，"食言"就是"说出的话不算数"。

第二，主观故意性不同。"失言"所"失"的是自己
对说话的控制力，"食言"所"食"的是自己前面说过的话、
做出过的允诺。因此"失言"往往是不由自主地，无意之间
说漏了嘴。"食言"大多是存心故意地说话不算话。

【正例】

①朱瑞芳感到自己刚才失言了，余静还没有开口问，

怎么倒先撇清，不是露出了马脚吗？（周而复《上海的早晨》）

②陆晓平没有食言。他去看珊裳，常常去看，天天去看。（陈学昭《工作着是美丽的》）

链接："食言而肥"

"食言"来自"食言而肥"这个成语。"食言而肥"出自《左传·哀公二十五年》所讲的一个故事：孟武伯是鲁国的大夫，这人有时说话言而无信，哀公对他印象不佳。另一个长得很肥胖的大臣名叫郭重，很讨哀公喜欢。出于嫉妒，孟武伯非常痛恨郭重。一天，孟武伯问哀公："郭重为何这样肥胖呢？"哀公意味深长地道："他吞食自己的诺言太多，怎么不肥胖呢？"哀公这话其实是有意讽刺孟武伯的。哪知，从此以后，人们就把说话不算数、只图占便宜的行为讽刺为"食言而肥"。"食言"即此成语的缩用，今指说话不算数，不信守诺言，是不讲诚信的一种重要表现。

时时刻刻｜无时无刻

[错例] 不知不觉来美国 11 个月了，渐渐习惯了这里的学习和生活，但我无时无刻都在想念家乡的亲人。

【诊断】

"无时无刻"应为"时时刻刻"。由于义混而致误。两个词语都可以用作状语，表示动作在时间上具有连续性，但差别很大。

【辨析】

"无时无刻"和"时时刻刻"在句法、语义、语用等方面都存在着一定的差异，主要表现在以下几方面：

第一，语义不同。"无时无刻"本身表示否定，当它和否定词连用形成双重否定时表示肯定，才具有"每时每刻"的意思。"时时刻刻"表示"每时每刻"。

第二，句法结构关系不同。"时时刻刻"可以单独作状语，或者后接"都"组成"时时刻刻都"来作状语。"无时无刻"必须后接"不"构成"无时无刻不"才能作状语。也就是说"无时无刻不"等同于"时时刻刻都"。但是两者使用情况还有不同，当前面有副词"都"时，只能用"无时无刻不"，如"他们都无时无刻不在想念家乡"。当前面有否定词语（不、没有）、领有动词（有、拥有）、能愿动词（可以、能够、会）时，则只能用"时时刻刻（都）"，如"他没有时时刻刻都呆在家里""他会时时刻刻呆在家里"。

第三，表达语气不同。"无时无刻不"比"时时刻刻都"

语气更强烈。"无时无刻不"经常用于主观陈述，常比较明显地带有说话人较强烈的主观态度。"时时刻刻都"则经常用于客观描写，说话人的主观态度体现得相对较弱。

【正例】

①别说像他自己这号普通人难过日子，就是罗二爷也时时刻刻提心吊胆的。（张天翼《清明时节》）

②我无时无刻不祝愿我的广大读者有着更加美好、更加广阔的前途。（巴金《把心交给读者》）

链接：关于"无……无……"格式

古汉语中，"无……无……"格式可以用来表示"无条件"意义，相当于"无论……"。如韩愈《师说》中的句子："是故无贵无贱，无长无少，道之所存，师之所存也。"

现代汉语中，"无……无……"格式多在一些固定结构中，如"无边无际""无拘无束""无情无义""无影无踪""无权无势""无牵无挂"等等。在"无……无……"格式里，可嵌入两个意义相同或相关的语素（多是单音节的），整体表示否定，强调"没有……"，如"无边无际"就是"没有边际"。

上面两种"无……无……"格式，尽管有些差异，但都表示单重否定，并不因为有两个"无"而变成双重否定。"无时无刻"也不例外。所以《现代汉语词典》在"无时无刻"这个词条中，不直接解释"无时无刻"，而是解释双重否定格式"无时无刻不……"："时时刻刻都……"的意思，表示永远，不间断。《现代汉语规范词典》的解释为：没有哪个时刻。常跟"不"配合，表示每时每刻。这些处理都是合适的。

时事┃时势

[错例]时事造英雄,有多少英雄人物都是从战乱和动荡的岁月中凸显崛起的。

【诊断】

"时事"应为"时势"。音同义近致误。两者都是名词,都指当时的情况,而且词义之间也有很大的相关性:一个重在"事",一个重在"势",因"事"可成"势",顺"势"可为"事"。然而两个词区别还是很大的,使用时要细加区分。

【辨析】

"时事"指当时的国内外大事,"时势"指当时的客观形势。从"时事"中可以看出"时势","时势"是对"时事"的判断与概括。两者存在联系,但也有区别:

第一,具体与概括的不同。"时事"具有具体性,它通常具备事件的几个要素,如时间、地点、人物、起因、经过、结果等;"时势"具有概括性,它不指某一具体事件,因此不具备事件的要素,而是对众多"时事"进行综合分析判断之后的总体把握,是"时事"的发展趋势和方向。因此,"时事"是一种"事","时势"是一种"势"。"时事"可以用量词来修饰限制,如"一件国际时事",而"时势"不能这样用。

第二,局部与全局的不同。"时事"具有局部性,是一件件独立的事件,可以是在某个时间,在世界任何一个角落发生的特定的国内或国际大事。"时势"具有全局性,它反映的往往是全国或者全世界范围的形势或趋势。

【正例】

①几千年的历史可以证明，中国知识分子最关心时事，最关心政治，最爱国。（季羡林《牛棚杂忆》）

②近一两年他细察时势，也看出来明朝有不少亡国迹象，但是他从没有想到推倒大明的江山会有他插手。（姚雪垠《李自成》）

链接："时势造英雄"还是"时事造英雄"？

究竟是"时势造英雄"还是"时事造英雄"呢？

唯物史观中的这一观点是关于杰出人物的产生与时代之间关系的。观点认为，"英雄"的产生是需要条件的，一般来说，社会大变革、历史大动荡年代造就杰出人物，并发挥他的才能和作用。这种条件并不是某一件或者几件事件所构成的，而应该是当时社会大背景、大环境、大趋势所决定的。因此，应该是"时势造英雄"，而不是"时事造英雄"。

实验｜试验

【诊断】

"试验"应为"实验"。音近义近致误。两个词都含对情况进行检验的意思，都可以作为科学研究的一种方法。但两者活动的目的和结果有明显不同，要仔细加以区分，以免误用。

【辨析】

"实验"和"试验"的相同语素是"验"，即"检验"，这是两者成为同义词的基础。不同语素是"实"和"试"，这是同中有异的原因所在。

"实验"是为了检验某种科学理论或假设而进行实践操作或从事某种活动，目的是为了验证某个已知的科学理论或假设。"实验"带有对活动结果的明确的预期，而且预期的实验结果是值得肯定的，将有利于实验活动的参与者。比如教学上的科学"实验"，就是让学生借助设备仪器，通过实际操作，验证教科书上的有关科学理论的正确性，从而掌握知识。因此，"实验"的结果可以用顺利或不顺利来评价。

"试验"是为了察看某事的结果或某物的性能而从事某种活动。目的是为了探索，所以开始并不一定能确定结果会怎样，而是进行尝试。比如爱迪生发明灯泡之前使用不同的材料作灯丝的过程是"试验"，再如一种新型飞机大量生产之前，要进行飞行"试验"。因此，"试验"的结果大多用成功不成功来评价。

在我国港台地区，"试验"还指考试，"实验"没有这一意思。

【正例】

①生物学是一门实验科学，实验是进行生命科学探索的主要途径，也是生物教学中的一个重要组成部分。（《甘肃日报》2008年2月6日）

②起初她试验过，要想扶着桥栏爬过去。（萧红《桥》）

链接："实验学校"还是"试验学校"？

在我国，有一种"实验学校"，不能叫作"试验学校"。按照《辞海》的解释，实验学校是"对学制、教学计划、教材或教学方法进行实验的中小学和幼儿园"。也就是说，这类学校的特色是致力于将已有的、通常又是最新的教育教学研究成果和理论，运用于学校办学的各个方面。这些理论本身通常是科学的，整个"实验"过程是可控的，结果是可以预期的、有利的。如果叫作"试验学校"，那就应该是以尝试为主，过程难以控制，可能随时调整，最后的结果难以预料，可能好也可能不好，试验者就是希望通过尝试弄清楚结果好坏。如果真是这样的"试验学校"，哪个家长还敢把孩子送进去呢？

收集｜搜集

[错例] 总经理了解到，公司里有许多员工对这个项目有很多不错的设计方案，他要求有关部门把这些设计方案搜集起来。

【诊断】

"搜集"应为"收集"。音近义近致误。两者都指把东西集中到一起，而且大多数情况下都能用于相同的具体或抽象对象，如物品、材料、情况、言论等。但是一个是"搜"集，一个是"收"集，各有侧重，使用时应加以注意。

【辨析】

"收集"和"搜集"都是动词，都指把不在一起的东西收拢聚集在一起，语法功能也相同，如都能带相同的宾语，都能重叠成 ABAB 式。它们之间的主要区别在于使用时所表达的意思侧重点有所不同：

"收集"侧重在把分散在各处的东西收拢在一起，对象是分散的、不在一起的。也就是说，"收集"某事物是不一定费多大功夫的。或许原本就知道这些东西在什么地方，只不过有些分散而已；或许这些东西可以由别人送来，只需要接纳整理一下。"收集"的对象可以是珍贵的东西，如"收集文物"，也可以是很普通的，如"收集废品"。

"搜集"侧重在到处搜索、寻找或挑选，对象往往不在一起而且难以找到，须悉心寻找才能得到。因此，并不是简单的集中，而是要花较大力气和功夫的，如"他搜集了大量的资料"。"搜集"适用于具体的和抽象的事物，多为珍贵的、稀有的或难以得到的东西，如"搜集文物"，一般情况下不会说"搜集废品"。

【正例】

①但我不想收集各种苦难的奇观，只想寻求受难者心灵的真实。（冯骥才《一百个人的十年·前记》）

②他是美国的哲学家，他的英文极为简练。他搜集了些很长的留声机片子，那是他业余的嗜好。（《林语堂自传·论美国》）

链接："收集邮票"+"搜集邮票"

"集邮"是"以收集、鉴赏并研究邮票为中心内容的文化活动"（《辞海》），是一项有益的休闲文化娱乐活动，是一种很好的业余爱好。集邮，第一步也是关键一步就是"集"。"集"可以是"收集"，把不同国家、不同时代的，原分散在各个地方的邮票收到手头来。可能有的是自己找来的，有的是一些有邮票资源但并不爱好集邮的朋友主动送来的。从这个角度来说，"集邮"就是"收集邮票"。然而，"集"也可能是"搜集"，不少集邮爱好者要得到自己喜爱的邮票，往往要多方寻找，如经常到邮局去看看有没有自己中意的新邮票，到亲友那里搜罗信件上的邮票，利用出国的机会或委托别人到国外邮局购买外国邮票，等等。这不是简单的"收"了，用"搜"似乎更恰当些。所以，集邮既是"收集邮票"，更是"搜集邮票"，"收集"说明邮票来自各方各面，"搜集"强调集邮也是一件要很费功夫去搜寻的活儿。

首府|首都

[错例] 紧接着，阿富汗之战进入第三战役，北方联盟以摧枯拉朽之势，在几天之内，夺取了七个省，逼近首府喀布尔。

【诊断】

"首府"应为"首都"。音近义近而致误。"首都"和"首府"在英文中是以同一个单词 Capital 来表示的，但是在汉语中它们分工明确，不能随便替换。

【辨析】

"首都"是主权国家的政治中心，"首府"是地方政府驻地或没有主权的附属国、殖民地的最高行政机关驻地。从政治地位和影响力来说，"首都"都要高于"首府"，两者不能等同视之。

"首都"是国家最高政权机关所在地，是全国的政治中心。一般情况下，首都是各类国家级机关集中驻扎地，是国家主权的象征城市。一个国家通常只有一个首都，如中国的首都是北京，美国的首都是华盛顿。但是也有特殊情况，有的国家有不止一个首都。如南非共和国，其行政首都在茨瓦内，立法首都在开普敦，司法首都在布隆方丹。荷兰的官方首都是阿姆斯特丹，但荷兰政府和最高法院位于海牙。玻利维亚宪法上的首都是苏克雷，但事实上大部分的政府部门都在拉巴斯。但无论如何，首都无疑是主权国家政治中心所在。

"首府"，旧时用以称省会所在的府。现在基本上用于指以下三种情况：第一，指我国自治区、自治州、自治县、内蒙古自治区的盟（或旗）的行政驻地、人民政府驻地。如新疆维吾尔族自治区的首府是乌鲁木齐，湖南湘西自治州的首府是吉首市，内蒙古呼伦贝尔盟首府是海拉尔市。其他一般省的行政驻地不称"首府"，而称"省会"。第二，指境外其他国家的一级行政区行政中心。例如，丹佛是美国科罗拉多州首府，名古屋是日本爱知县的首府，等等。第三，指附属国和殖民地的最高政府机关所在地。

【正例】

①这种坝子四周环山，中部低平，土层厚，水源好，适合居住，昆明坝可谓众坝之首，昆明市从元代便成为云南首府。（宗璞《东藏记》）

②1948年5月，第一次中东战争爆发后，以色列占领了耶路撒冷西区，并在1950年宣布耶路撒冷为首都。（唐师曾《采访海湾战争》）

链接：广东的"省会"和广西的"首府"

广东和广西是我国南部的两个省级行政区划，广州和南宁则分别是广东和广西的地方政府机关所在地。但是广州被称作广东的"省会"，不叫"首府"，而南宁可以称作广西的"首府"。其中的原因是，广西的全称是"广西壮族自治区"，是我国以壮族为主的少数民族聚居的地区。在现代汉语中，我国境内民族自治地区的行政中心都可以称作"首府"。而广东作为一个非少数民族聚居的省份，其政府机关所在地广州自然只能叫"省会"了。

竖立┃树立

[错例] 因为在家带孩子有五年没有工作了，现在要怎样竖立信心，重新开始工作呢？

【诊断】

"竖立"应为"树立"。音同义近致误。两个词都有把东西"立"起来的意思，而且在古代"树立"也有"竖立"的意思。不过，现代汉语中两者分工明确，不宜再混用。

【辨析】

现代汉语中，"竖立"和"树立"尽管都有"立"的意思，但也比较明显地存在以下两方面的区别：

第一，搭配情况不同。"树立"一般与抽象对象搭配，如"形象""威信""典型""榜样""观念""信仰"等，很少跟具体对象搭配。而"竖立"只能与具体对象搭配，如"旗杆""桅杆""木桩""石像"等，不能跟前面那些抽象对象搭配。当它们与具体对象搭配时，"树立"的一般是比较高大的物体，因此不能和个体很小的物体搭配，如不能说"把筷子树立起来"。"竖立"则大小物体都能搭配，既可以说"竖立一根旗杆"，也可以说"把一枚鸡蛋竖立起来"。

第二，感情色彩不同。"树立"包含主观色彩，"树立"的对象通常都是好的事物，所以表示这些事物的名词前面常常会加上正面的、积极意义的修饰语，如"良好形象""先进典型""光辉榜样""远大理想""正确观念"等。"竖立"是纯客观的，不带感情色彩。

【正例】

①另外在坤宁宫的东南方，相距几丈远，竖立了一根三丈多高的神杆。（姚雪垠《李自成》）

②这些大公司的朋友与曾宪梓相处得很真诚，他们不仅指导曾宪梓应该怎样做生意，应该怎样有效地树立自己的名牌形象，而且还十分鼓励曾宪梓超前的广告意识。（夏萍《曾宪梓传》）

链接：说"竖"

"竖"，《广雅》解释："竖，立也。"也就是直立的意思，与"横"相对。在我们的观念里，"竖"和"上""下"两个概念有关。一是与水平面垂直时，高处为上，低处为下。一是在同一水平面上，以我们的视线方向为参照，远处为上，近处为下。当事物放平时，其体长和上下方向相符，这就是"竖"。如书写，同样是长直笔画，在纸上"竖"是上下走笔，"横"则是左右走笔。用得更多的是，与水平面垂直的上下概念的"竖"，如"竖"起的电线杆，"竖"起的高楼。以上所说，只限于"竖"。而"竖立"则只能用于与水平面垂直的上下概念，即令物体呈现与水平面垂直的状态。

说和｜说合

[错例] 大娘见小王、小张两人比较般配，两家也算门当户对，就想方设法去说和他俩之间的婚事。

【诊断】

"说和"应为"说合"。音同义近致误。"和"与"合"都念轻声，两个"说"都表示通过劝说使双方走到一起。而且"说和"曾写作"说合"，也就是说"说合"曾经有过"说和"的意思。但是现在它们有了明确分工。

【辨析】

"说和"义项单一，指调解双方争执，劝说他们和解。"说合"原来表示劝说争执双方和解的意思，现在一般写作"说和"，除此之外，还有两个义项：一指从中牵线，促成别人的事；二指商量，商议。它们之间的不同主要表现在：

第一，动作结果不同。两个词语都是后补式结构的词语，尽管都使用劝说的手段，但结果不同。"说和"的结果侧重在"和"，原有的矛盾、纠纷都得到了解决，即由"不和"到"和"。"说合"的结果侧重在"合"，原本不在一起生活、工作的人最终生活或工作在一起了，即由"分"到"合"。

第二，适用场合不同。"说和"，多用于有矛盾冲突的场合的调解、劝和，如"他们闹矛盾好几天了，你去说和一下"。"说合"多用于男女婚姻的撮合，生意或工作上的合作的促成，如"你去说合这门亲事""他们这笔生意还是我说合的呢"。

【正例】

①你明天出面去找一下调解委员会的秦小凤，就说咱们入了社，不愿意和有翼分家了，让她来给咱们说和说和。（赵树理《三里湾》）

②在这几个月里，田润叶陷入了极大的苦恼之中。她在别人说合的婚姻和自主的爱情之间苦苦地挣扎。（路遥《平凡的世界》）

链接："合"而未必"和"

"合"本义为"闭合，合拢"，引申为"集合，聚合"。因此，"合"就指聚集到一起的意思，如"会合""合伙"等。"和"指相处融洽友好、配合适当，如"兄弟不和"。可见"合"侧重的是聚在一起的形式，是外在的；而"和"侧重的是各方的和顺、协调，是内在的。例如夫妻，在未成之前，需要"说合"，然后走到一起共同生活，但这还仅仅是形式上的促成。结婚之后，"合"是没有问题了，但并不一定就有了"和"，还可能出现矛盾纠纷，就需要"说和"了。

题名｜提名

[错例] 你这个检察长是市委题名建议，人民代表选举产生的，你需要的是对法律负责，对人民负责，不是对哪个人负责！

【诊断】

"题名"应为"提名"。音同义混致误。两个词都和名字名称有关，但一个是"题"名，一个是"提"名，两字音同义不同。出现用错的情况大多是因为对这两个关键字没有区分清楚。

【辨析】

"题名"，原指古人为纪念科场登录、旅游行程等，在石碑或壁柱上题记姓名。后泛指所有为了纪念或予以表彰而题写姓名。"提名"指在选举或评选前，由选举者或评选者提出候选者的姓名或名称。两个词语的主要区别表现在：

第一，行为方式不同。"题"表明"题名"的方式是"题写、题刻"，"题名"一般采用书写或镌刻等形式，让名字保留在有纪念意义的场所，或者张贴出来公布于众。"提"是"提出"的意思，"提名"一般是在评选、选举的前期或当场以口头或书面形式提出推荐名单。

第二，行为目的不同。"题名"的目的是为了留下纪念或对相关人员进行表彰。"提名"的目的是提出姓名（个人）或名称（集体）为选举或评选的对象。

第三，词性和用法不同。两者都能作动词，但"题名"作动词一般不能带宾语，如"在石碑上题名"。而"提名"

作动词时一般可以带宾语，如"我们提名你做班长"。"题名"还可以用作名词，指"为留纪念而写上的姓名"，如"石碑上的题名已经模糊不清"，而"提名"一般不作名词用。

【正例】

①这两所大学就仿佛变成了龙门，门槛高得可怕。往往几十人中录取一个。被录取的金榜题名，鲤鱼变成了龙。（季羡林《牛棚杂忆》）

②最好的例子是布什总统把白宫最重要的职位给了前任新罕撒州州长苏奴奴，此人只是一个小州州长，但该州为布什的提名做了很大的努力。（陈香梅《春秋岁月·里根总统》）

链接："金榜题名"

"金榜题名"出自唐代何扶《寄旧同年》诗："金榜题名墨上新，今年依旧去年春。花间每被红妆问，何事重来只一人？"金榜，指科举时代殿试揭晓录取的榜。由于殿试揭晓的告示上一般用金字写上已登三甲的进士姓名，故名"金榜"。题名，即写上名字。所以在古代，"金榜题名"专指科举得中，是科举时代许多人梦寐以求的目标。宋代汪洙在《喜》中写到人生四大得意事："久旱逢甘雨，他乡遇故知。洞房花烛夜，金榜题名时。"

到了今天，"金榜题名"主要用于重大考试被光荣录取，尤其是考上大学。"题名"可能出现在高校的录取名册上、招生主管部门的网站上或者考生自己的录取通知书上了。不管在什么地方，还是只能写成"金榜题名"，而不能写成"金榜提名"。

通信｜通讯

[错例] 在这次特大风浪中，船只受损严重，破烂不堪，早已失去全部通讯能力，隔断了与陆地的联系。

【诊断】

"通讯"应为"通信"。音近义近致误。两者都指传递信息，尤其在过去，"通讯"与"通信"有一部分含义是重合的，经常有混用的情况。然而，现在两者已经各有分工，不再通用。

【辨析】

按现在的解释，"通信"作动词，指用书信互通消息，反映情况等，也指利用电波、光波等信号传送文字、图像等。"通讯"作名词，指翔实而生动地报道客观事物或典型人物的文章。因此，它们的区别是这样的：

第一，当表示用传统手段，如口头、书信等传递信息时，要"通信"而不用"通讯"，如"他们这些年来经常通信"。

第二，当表示利用电波、光波等信号传送文字、图像等这一意义时，也须用"通信"，而不用"通讯"。如"由于全部停电，轮船与陆地的通信被迫中断"。

第三，当表示新闻报道的文章时，只能用"通讯"不能用"通信"。如"新华社昨天发了一篇重要通讯"。

第四，"通信"组成的词主要有"通信兵""通信卫星""通信工程""通信技术""通信系统""无线电通信"等。"通讯"组成的词主要有"通讯社""通讯员""通讯网"等。

【正例】

①我妹妹当时很积极，被评上过县里学习"毛著"积极分子，我们常互相通信，鼓励。（冯骥才《一百个人的十年》）

②后来，学校里成立了宣传通讯组，课余我们在一起工作了一年多。（从维熙《走向混沌》）

链接："通信"与"通讯"的分与合

在第4版及以前的《现代汉语词典》中，"通信"分两个词条解释，分别是"用书信互通消息，反映情况等"和"利用电波、光波等信号传送文字、图像等"。"通讯"列一个词条，下面有两个义项，分别是"利用电讯设备传递消息"和"翔实而生动地报道客观事物或典型人物的文章"。

第5版《现代汉语词典》对"通信""通讯"的释义做了如下处理：将"通信"原来分列的两个词条变成一个词条之下的两个义项，并特意注明"利用电波、光波等信号传送文字、图像等"这个义项"旧称通讯"。"通讯"则在注明是"通信"第二个义项的旧称的同时，只保留了表示新闻报道类文章这一个义项。

两个词原来交叉共有的义项明确了归属。"通信"只和传递信息、信号有关，"通讯"只和新闻报道有关。"电信"就是利用电话、电报或无线电设备等传送信息的通信方式，"电信公司"就不能写成"电讯公司"。"电讯"是用电话、电报或无线电设备等传播的消息和报道，"新华每日电讯"就不能写成"新华每日电信"。

同伴｜同伙

[错例]现实生活中，有一些中小学生因为这样那样的原因，不被同学或他人接纳，不会与同伙相处。

【诊断】

"同伙"应为"同伴"。形近义近致误。两个词在以前都可以用来指共同参与某件事的人，没有感情色彩的区别，可以互换。但是现在两者的词义侧重和感情色彩都发生了变化，不能混用了。

【辨析】

"同伴"和"同伙"在过去都曾用来指共同参加某种活动或某种组织的人，都是中性词。例如："他同来的这个人是谁呢？莫非是他的同伴不成？"（唐芸洲《七剑十三侠》）"一个女游击战士，从马上跳下，裤脚流出血来，同伙大惊。"（孙犁《澹定集·读作品记》）这两例中，"同伴""同伙"都是某一活动的参与者，没有感情色彩的不同。但是到了现在，两个词语的使用有了较明显的区别：

"同伙"侧重于"伙"，即结成一伙。主要指为了某一目的结为一伙的人，多用于贬义。如"三人被逮住了，另一个同伙却漏网了"。"同伴"侧重于"伴"，即互相陪伴，结成伴侣。原来用以指伴侣、同行者，如"我要为这次出行找个同伴"，现在经常用来指因为工作、学习或生活而在一起的人，如"玩耍的同伴""学校的同伴"等。"同伴"是个中性词。

【正例】

①今天带一个同伴来，他叫高玉宝，想要来干活，求你给问一下要不要？（高玉宝《高玉宝》）

②刀疤脸一个箭步跨来，正要扭住那人时，突然又冲出两个歹徒，原来他们是同伙。（赵本夫《天下无贼》）

链接："伙""伴"

"伙"同"火"。按古代军队的编制，十人为一"火"，同"火"的人互称"火"伴，后来就演变成了通俗的叫法"伙伴"。这样"伙"就有群聚、联合一起干的意思，如"伙伴""伙计们""合伙"等。"伴"在甲骨文、金文中字形为两个人并列站立的样子，即两人互相陪同，如"伴侣""陪伴""伴随"。

因此，单就"伙"与"伴"来看，原来就存在区别。"伙"就有像军队那样群聚起来共同行动的意思，"伴"就是指人与人互相陪同伴随。这就影响到了"同伴"与"同伙"意思，使它们各有侧重。

童贞 | 童真

[错例] 他是一个年过七旬仍然能保持童贞和直率的学者，他身上体现了中国知识分子先天下之忧而忧的高贵品格。

【诊断】

"童贞"应为"童真"。音同义近致误。两者都和"童"有关，"童"表示"童年"或者"像童年一样"，而且过去"童真"曾经也有表示"童贞"的意思。但是现在根据"贞"和"真"的不同，它们之间有了明确的分工，不宜再混淆。

【辨析】

"童贞"和"童真"的主要区别集中体现在不同的语素"贞"和"真"上：

"童贞"侧重于"贞"，即"贞操""贞节"。现在，"童贞"指没有发生过性关系的人的贞操，仍多用于女性。

"童真"侧重于"真"，即"纯真、天真"，指儿童的天真纯朴，引申为儿童般天真纯朴的本性。主要用于儿童。用于成年人时，是赞许成年人能保持儿童的天性。

【正例】

①他自己到现在都好好地保持着他的童贞，他一直是个童男。（张天翼《报复》）

②他坦白的心愿遭到嘲笑，草丛中童真无忌的话语成为别人威胁他的把柄，那时，我感觉他已存在。（史铁生《务虚笔记·夏天的墙》）

链接：说"贞"

"贞"，是一个会意字。上为"卜"，下为"贝"（甲骨文作"鼎"，后省改为"贝"）。鼎本是食器，这里表火具。"贞"的本义即用火具来占卜的意思。"贞卜"就是占卜、卜问，"贞龟"就是灼龟甲以占卜。后来假借为"正""定"，即端方正直的意思，如"贞白"即正直清白，"贞一"即心正专一，"贞明"即正大光明。后由此引申为（意志或操守等）坚定不移。如"贞亮死节"指坚贞忠诚、能够以死殉节，"贞人"指志节坚定不移、能守正道的人。这样一来，一般人的坚守不移、忠诚不贰，叫贞节。女子在婚姻上不改嫁，从一而终，也叫贞节。于是"贞"就成了封建礼教压迫束缚妇女的一种落后的道德观念。

凸显|凸现

【诊断】

"凸现"应为"凸显"。音近义近致误。两个词都有一个"凸"字，都表示清楚地显现出来的意思。但词义侧重有所不同。一个是凸"显"，重在显露出来；一个是凸"现"，重在出现。如果忽略这一区别就容易混用。

【辨析】

"凸显"是"清楚地显示"，"凸现"是"清楚地出现"。它们之间的不同处在于：

第一，"凸显"强调表现、显示，如"撤并'领导小组'凸显法治行政"。"凸现"强调出现，如"奇景凸现西安城，西边日落东边雨"。

第二，"凸显"强调从隐到显的过程，"凸现"强调从无到有的结果。"凸显"侧重于一个逐渐变化的过程，某一事物或情况原本已经存在，只是不易被人们察觉和认识，随着时间的推移、事物的发展，人们看得越来越清楚了。如"矛盾和问题将日益凸显出来""人才市场的三大变化逐渐凸显"，这里的"矛盾和问题""人才市场的三大变化"都是早就存在并逐步发展的。"凸现"侧重于现在清楚地呈现，原来某事物或情况并不一定存在，只是现在出现了。如"身份证换代凸现巨大商机"，"商机"是在身份证换代这项工作开始以后才出现的。

【正例】

①人长大之后，不会再那么无聊，去找一个朋友来凸显自己的美好。（张小娴《把天空还给你》）

②过了几秒钟，一种声音开始凸现，是电动自行车的刹车声。（《南京晨报》2005 年 11 月 10 日）

链接："显"和"现"

"显（顯）"是一个会意字，从页(xié)从㬎，㬎也表声。从"页"的字与人头有联系。"㬎"的本义是头上的装饰品，然后引申出了"显示、显露"的意思。"现"是形声字，从玉，见声，本义就是"出现"。因此，就"显"和"现"的单字而言，"显"重在由暗到明、由模糊到清晰的显现，"现"重在从无到有的出现。这就是造成"凸显"和"凸现"区别的关键所在。

望尘莫及 | 鞭长莫及

[错例] 新一代的彩色激光照排系统,在价格、灵活性和功能方面为传统电子分色机所鞭长莫及,但国外这些新系统均不能处理文字。

【诊断】

"鞭长莫及"应为"望尘莫及"。由于不辨成语含义而致误。虽然二者都有"不及"的意思,但一个是追赶而不可及,一个是影响、作用所不能及。不同的含义决定了不同的使用场合,应多加留意。

【辨析】

从字面含义和比喻义来看,"望尘莫及"字面义是"只能遥望前面人马行走扬起的尘土,已经追赶不上了"。比喻远远落后,无法赶上。"鞭长莫及"本作"鞭长不及马腹",原义是鞭子虽长,也不能打到马肚子。比喻相隔太远,力量达不到。

从使用的场合来看,"望尘莫及"主要用在比较处于前进、发展过程中的双方的差距之时,指因为与对方的差距太远,或者对方速度太快而己方速度太慢,已经没有赶上的希望了。常用于自谦,如"和他比成绩,我是望尘莫及了"。"鞭长莫及"一般用在表示对某人或物的控制情况的时候,指由于超出了力量或势力所能达到的距离或范围而无法发挥作用。这种距离或范围可以是具体的空间上的,如"儿子去外地上学了,我的管束对他是鞭长莫及了";也可能是抽象的,如"他是上面派来暂时和我们一起工作的,以前那点旧规矩对他简直鞭长莫及”。

【正例】

①这是他的一些前僚所望尘莫及的，这也正是山本之所以为陆军部器重之所在。（峻青《海啸》）

②大儿子住得很远，工作也忙，鞭长莫及，极难得回来一趟，杨群想管也管不了他。（叶兆言《走进夜晚》）

链接：说“及”

“及”，会意字，从人，从手。甲骨文字形象后面的人赶上来用手抓住前面的人。本义为追赶上、抓住。《史记·项羽本纪》：“及之齐，杀之。”就是说，在齐国赶上并抓住他，把他杀掉。现在讲“来得及”就是能够赶上，“企及”就是希望赶上，“及时”就是赶上时候。

“及”由“赶上”又引申为“至，达到”。《广雅》解释：“及，至也。”今天“及格”就是达到合格标准的意思，“自古及今”“由此及彼”的“及”也都是达到的意思。

“望尘莫及”“鞭长莫及”里的两个“及”，意思有所不同，前者使用的是本义“追赶上”，后者使用的是“达到”这一意思。

违反 | 违犯

[错例] 作为世界第一运动的足球运动有着自身的运动规律，如果违犯了这种规律，必然遭受惩罚。

【诊断】

"违犯"应为"违反"。音近义近致误。两者都是动词，都表示违背、不遵守，指言行与规律、规则、法律相抵触，使用中极易混淆。其实它们的词义侧重点、使用范围都不相同，需仔细辨别。

【辨析】

"违反"与"违犯"之间的不同主要表现在以下方面：

第一，词素构成关系不同。"违"与"反"是同义关系，所以词义单一。"违"与"犯"是并列关系，所以"违犯"的词义中包含有违反与触犯两个层面的意思。

第二，词义轻重不同。"反"指方向相背，"违反"侧重于不遵守、不符合（规则、规律等）；"犯"是抵触、触犯的意思，"违犯"侧重于触犯（法律等），往往是有意识地破坏和触犯。所以，"违反"词义较轻，"违犯"词义较重。

第三，适用范围不同。"违反"一般适用于规章、制度、纪律、原则等，如"不要违反劳动纪律""违反自然规律"。"违犯"多用于法律、戒律、政策、法令等，如"违犯宪法""对于违犯刑法的分子必须绳之以法"。

【正例】

①因为没有创作动机，违反了艺术创作的最基本的规律，仅仅是玩弄创作技巧而已。（吴晓邦《舞蹈新论》）

②你们手拿枪支，相遇必有一场厮杀，厮杀就会互有伤亡，这和我亲手杀人一样，也就违犯了我们道门的杀戒。（曲波《林海雪原》）

链接："反"与"犯"

"反"，象形字，甲骨文字形，从又从厂，象手心翻转之形。表示反转、翻转、颠倒的意思，如"易如反掌""反守为攻"。引申为违背、背叛，如"反常""反叛"。

"犯"，《说文解字》解释："犯，侵也。"本来是指狗侵犯人，引申为冒犯、触犯，如"犯忌讳""犯颜""人不犯我，我不犯人"等。

"违反"的"反"义为相背离，"违犯"的"犯"就是触犯的意思。弄清"反"和"犯"的不同，对辨析这两个词很有帮助。

委屈｜委曲

[错例] 近来，肉价飞涨，许多老百姓少买肉甚至不买肉吃了，只好暂时委曲一下肚子里的馋虫吧。

【诊断】

"委曲"应为"委屈"。音同义近致误。两个词共有的"委"是"曲折"的意思，"屈"和"曲"也都有弯曲的意思，而且在表示"因受到不应有的待遇或指责而难过"之义时，"委曲"和"委屈"曾经是相通的，故容易混淆。现在两个词已经职责分明，不宜混用。

【辨析】

"委屈"通常只用于人的主观感受和心情；"委曲"主要用于客观范畴，个别情况下可用于主观范畴。

它们之间的区别具体表现为：

第一，表示主观范畴时的不同："委屈"是一种心情，指受到不应该有的指责或待遇而心里难过。此时，"委屈"常作形容词，如"心里很委屈"。另外还能作动词，意思为"使人感到委屈"，如"委屈你们了"。"委曲"是一种态度，是为了保全或顾全大局而迁就、曲从的一种策略，主要构成成语"委曲求全"来用。

第二，表示客观范畴时的不同："委曲"可以指事物形态的弯曲、曲折，作形容词，如"委曲的山路"。还可用来指事情的经过和原委，作名词，如"诉说委曲"。"委屈"没有这些用法。

【正例】

①他们夫妇说日子不好过，怕委屈了我，要把我转托给另一个朋友。（老舍《全家福》）

②他们为营生起见，就委曲迎合这种游客的心理，索性在船里放两把躺藤椅，让他们在湖面上躺来躺去，像浮尸一样。（丰子恺《西湖船》）

链接："委曲求全"还是"委屈求全"？

"委曲求全"经常有人写成"委屈求全"，可能是因为弄不清"委曲"和"委屈"的区别。但有人认为，"委屈求全"和"委曲求全"是两个不同的成语，应该都对。其理由是，两个词中"求全"都是目的，"委屈"和"委曲"都是达到目的的手段。"委曲求全"就是曲从迁就以求保全局面，"委屈求全"就是委屈自己以求保全局面。

其实，"委屈"可以看作"委曲"策略之一。"委曲"即曲从迁就，或者说妥协，它作为策略可以有多种方法，并不只有委屈自己这一种。"委屈"是一种内心难过的情绪，带有明显的感性特征。而在理性的支配下作出某些方面的让步或者妥协，不是"委屈"所能包含的。例如，《廉颇蔺相如列传》中，蔺相如为了国家大局，刻意回避，不与廉颇相见。这时蔺相如表现出来的不是以"委屈"，而是以"委曲"来保全廉、蔺之间的团结。

现行的通行的成语词典都只收"委曲求全"而没有"委屈求全"，是因为"委曲求全"才是我们汉语中约定俗成的固定结构。尽管从理解上看两者都能说得通，但应该说"委曲求全"已经包含了"委屈求全"的意思，能用"委屈求全"的地方都可用"委曲求全"。还是一律用"委曲求全"为妥。

无故｜无辜

我仔细想了想，自己确实没有做错什么事情，为什么还要无辜受批评？

【诊断】

"无辜"应为"无故"。音近义混致误。尽管两个词读音相近，但"无故"是没有缘故的意思，"无辜"是没有罪责的意思，含义相差较大。不过如果用在"受批评""受责备""受处罚"等词组前面的时候，这两个词就很容易用混了。

【辨析】

"无故"与"无辜"的主要区别表现在以下方面：

第一，含义不同。"辜"义为罪行，"无辜"即"无罪的"；"故"义为原因、缘故，"无故"即"没有原因、理由"。"无故"用于对因果关系的判断，"无辜"用于对罪责有无的判断。

第二，词性和用法不同。"无辜"是形容词，可以受程度副词修饰或者作定语，如"他感到很无辜""死伤的都是无辜的平民"。也可以作名词，指无罪的人，如"法西斯到处滥杀无辜"。"无故"是副词，经常用在动词之前作状语，如"开会不能无故缺席"。另外，还可以组成"平白无故""无缘无故"等。

【正例】

①李闯王这次围困开封，已经打败了左良玉，更没有

官军来救，他平白无故为什么要离开开封呢？（姚雪垠《李自成》）

②自从发生这件事，我们才对那些无辜的女知青寄予同情。（冯骥才《一百个人的十年》）

链接："无故受罚"与"无辜受罚"

既可以说"无故受罚"，也可以说"无辜受罚"，但是两种说法的意思是不同的。"无故"受罚是指没有原因、无缘无故受到处罚，含有对受罚者被罚的原因还未清楚的意思。这常常是一般性的、比较轻的处罚，不一定是违犯了法律法规的情况下受到处罚。"无辜"受罚是指没有罪责而受到处罚，暗含受罚者是清白之身的意思，而且一般来说这种处罚是比较重的处罚。

无可厚非 | 无可非议

[错例] 明星出书无可厚非，但有的书错别字连篇累牍，简直让人不忍卒读。

【诊断】

"无可厚非"应为"无可非议"。两个成语义近而致误。两者都有不必加以指摘的意思。"无可厚非"的"非"就是"非议"的意思。因此，从词义组成上看，"无可厚非"比"无可非议"多出了"厚"的意思。这就是两者区别的关键所在。

【辨析】

"无可厚非"和"无可非议"的区别主要表现在以下方面：

第一，肯定程度不同。"无可非议"指没有什么可以批评指摘的。"无可厚非"也作"未可厚非"，指不可过分指摘。两个成语都表示了对言行肯定的意思，但前者表示所说所做完全合乎情理，肯定程度高。后者表示言行虽然有不足，但还是有可取之处，可以原谅。所以即使可以议论一番，也不可批评指摘得过多、过严、过分，肯定程度要低一些。

第二，评判立场不同。说"无可厚非"，表示说话人试图持正公允，不走极端。说"无可非议"，表示说话人认为是非已经很明确，语气决绝。

【正例】

①作者的动机无可厚非，但客观效果则不尽符合作者的动机。（茅盾《一九六〇年短篇小说漫评》）

②先吃肉后啃骨头，每一个牙口不好的人都会这样做，无可非议。（张贤亮《土地渴望生命和智慧》）

链接：说"厚"

"厚"是一个会意字。从"厂（hǎn）"，表示与山石有关。本义为地壳厚，引申为扁平物体上下两个面的距离大，与"薄"相对。这也是现在使用得最普遍的意思。除此之外，"厚"还可引申出"大""重""多"等意思，如"厚德"即大德，"厚施"即以丰厚财物给人，"厚报"即优厚的酬劳，等等。在这个基础上，又引申出了表示程度的"深、过分"，如"厚结"义为深相结交。

"无可厚非"的"厚"就有表示动作程度的"深、过分"之义，整个成语表示不能深加指摘和非议，与"无可非议"所表示的不能加以指摘在程度上明显不同。

五洲四海｜五湖四海

[错例] 近年来我们学校留学生数量越来越多，他们来自五湖四海，肤色不同，语言不同，文化背景更不相同。

【诊断】

"五湖四海"应为"五洲四海"。由于文化常识缺乏致误。两个成语从字面上看都是地理上的概念，而且都用来泛称某些区域，但是具体所指并不相同，使用时需多加留意。

【辨析】

"五洲四海"与"五湖四海"，两者仅差一字，但所指的地理范围却相差甚远：

"五湖"和"四海"具体所指说法不一。按现在一般的说法，"五湖"是指洞庭湖、鄱阳湖、太湖、巢湖、洪泽湖，"四海"是指渤海、黄海、东海、南海。也有人认为，"五湖"是泛称分布于我国广大地区的几个大湖，并无具体所指，"四海"也是由于古人认为我国四面为海环绕，才有这样的叫法。因此，"五湖四海"泛指全国各地、四面八方。

"五洲四海"是亚洲、非洲、欧洲、美洲、大洋洲五大洲和太平洋、大西洋、印度洋、北冰洋四大洋的合称，故用它来泛指世界各地。

【正例】

① 同一个世界，同一个梦想。北京奥运会圣火点燃五洲四海。在奥林匹克旗帜下，204 个国家和地区派出代表团

参加北京奥运会，创下奥运会竞技比赛之最，奥林匹克大家庭实现了历史性的团聚。（《福建日报》2008年8月9日）

②我们都是来自五湖四海，为了一个共同的革命目标，走到一起来了。（毛泽东《为人民服务》）

链接：此"四海"非彼"四海"

"五湖四海"与"五洲四海"中都有"四海"，但所指并不是一回事。

"五湖四海"中的"四海"一词，最早出现于《尚书·大禹谟》："文命敷于四海。"古代以为中国四周有海环绕，所以把中国叫作"海内"，外国叫作"海外"。至于这四海叫什么名称，具体地点在哪里，《礼记·祭义》说指"东海、西海、南海、北海"，但没有明确海域。《尔雅·释地》说四海在"九夷、八狄、七戎、六蛮"等少数民族所居之地，但也缺乏具体的说明。今天又有了指我国四大近海渤海、黄海、东海、南海的说法。"五洲四海"中的"四海"则是指世界的四大洋：太平洋、大西洋、印度洋、北冰洋。

"五湖四海"的"四海"，不论古代所指还是现在所指，都是中国的领土范围，所以这个"四海"和"五湖"一起指中国全国各地。"五洲四海"的"四海"已经超出了中国的范围，遍布在全球，因此这个"四海"和"五洲"就指世界各地。

效尤｜效仿

[错例]兄弟俩都深信父亲是个不折不扣的、有中国传统道德观念的商人，他的人生修养、处事哲学，是值得后辈效尤的。

【诊断】

"效尤"应为"效仿"。因义近致误。两个词都是动词，都有效法的意思。但是，"效仿"本身并未明确效法对象，而"效尤"一词已表明效仿的对象"尤"，这就决定了它们存在着明显区别。

【辨析】

"效仿"与"效尤"可以从以下三个方面进行辨析：

第一，从词的内部结构看："效仿"是并列式结构的词，"效"和"仿"都是效法模仿的意思，"效仿"指效法模仿别人的做法。"效尤"是支配式结构的词，"效"是效法学习，"尤"在这里是"错误的、有过错的"意思，"效尤"就是效法学习错误的东西。

第二，从感情色彩来看："效仿"可以用于效法好的行为，也可以用于效法不好的行为，因此是个中性词。"效尤"通常指学习坏的人或事，所以是一个贬义词。

第三，从组合情况来看："效仿"可以带宾语。或者是表示人的宾语，如"效仿他喜欢的明星"；或者是表示事物的宾语，如"效仿国外的做法"。"效尤"一般不能带宾语，如"有人开了一个头，他人纷纷效尤"，可构成成语"以儆效尤"。

【正例】

①群起效尤，连三四等的妓女，也都被加工点缀，敷衍入书了。（唐弢《关于女人的书籍》）

②大牙湾煤矿的"经验"很快在局里办的《矿工报》上做了介绍，其他各矿如梦方醒，纷纷效仿。（路遥《平凡的世界》）

链接：关于"效尤忠魂"

1988 年贵州省剑河县建立烈士纪念塔，塔的正面序文中有"效尤忠魂"一句，随即引起一场轩然大波。当即有人指出"效尤"是贬义词，对烈士这样用是"原则错误"，而撰稿人不承认有错误。

这要从"尤"的意思说起。"尤"从乙，又声。小篆字形，乙像植物屈曲生长的样子，受到阻碍，则显示出它的优异。所以它的本义为"优异"。后来它发展出了两个方向截然不同的含义：一是指"优秀的、突出的"，如"人，动物之尤者也"；一是指"过错、错误的"，如"非臣之尤"。这是古代所谓反训的结果。

"效尤"表示"学习错误做法"的用法，很早就有，如《左传·庄公二十一年》："郑伯效尤，其亦将有咎。"从古至今这样的例子俯拾即是，各种词典也都是这样解释的。也就是说"效尤"的"尤"只能是"过错、错误的"的意思，"效尤"是贬义词。另一方面，"尤"有"优秀的、突出的"之义，"效尤"表示"效仿、学习"好的事物，这样的例子也个别存在过。但随着语言的发展对表义准确性要求越来越高，"效尤"现在只保留了贬义的用法，这也是语言自身规范的结果。

"效尤忠魂"之说也许有其能够成立的某些理由，但是现在看来至少是不太规范的。

心率|心律

[错例] 今天去医院体检做了个心电图，还是老毛病，窦性心率不齐，还有不完全性右束支传导阻滞。

【诊断】

"心率"应为"心律"。音同义近致误。两个词都是医学和生理学术语，读音完全相同，而且都和心脏跳动有关，但却是两个完全不同的概念，在医学和生理学上有着严格的区分。在日常生活中，非专业人员由于缺乏相关知识而经常用错。

【辨析】

"心率"和"心律"，从医学和生理学上来说，尽管都和心跳有关，但却是两个完全不同的概念：

"心率"的"率"义为"频率"，"心率"是指心脏每分钟跳动的次数。因此，心率一般以速度快慢来衡量，常说"心率过速／快""心率过缓／慢"。正常成人的心率在安静时平均为 70～80 次／分，一般慢不低于 60 次／分，快不超过 100 次／分。

"心律"的"律"义为"节律"，"心律"则是指心脏跳动的节律。正常人的心跳节律是规则的，如果心跳与心跳之间的间歇有时快有时慢，节律就不规则了，其类型有窦性心律不齐、早搏及房颤等。因此，心律一般用心跳节律的规则与不规则来衡量，心跳节律不规则就称"心律失常"或"心律不齐"。

【正例】

①血虽然止住了，快天亮的时候妈的心率开始加快。快到多少，我不清楚，幸亏特护很有经验，又把内科的值班大夫请来了。（张洁《世界上最疼我的那个人去了》）

②徐姐也害得失眠，牙疼，长针眼，心律不齐。（王蒙《坚硬的稀粥》）

链接："频率"与"节律"

"频率"原来是一个物理学概念，指单位时间内完成震动的次数或周期，后来也泛指一定时间内动作发生或情况出现的次数。"节律"原来多用于音乐方面，表示音的长短、强弱有规律地交替出现的现象，后来也泛指日常生活中的节奏和规律。可见，"频率"主要在于单位时间内运动完成的次数，直接表现为运动的快慢，可以在相对较短的时间内测得结果。而"节律"主要侧重运动频率所表现出的规律性，需要较长一段时间观测才能得到结果。

"心率"就是心跳的频率，"心律"是心跳的节律，它们也分别具备"频率"和"节律"的特点。

修养｜休养

[错例] 共产党员加强自身的休养，根本上就是要加强党性锻炼，始终坚持党的宗旨，保持党员的先进性。

【诊断】

"休养"应为"修养"。音同义近致误。二者都有"养"的意思，都含有得到补充和增益的意思，但所"养"有所不同，得到的补充和增益也有所不同。

【辨析】

"休养"指休息调养身心，也指让社会和百姓的生活安定下来，使国民经济得到恢复和发展。"修养"指理论、知识、艺术、思想等方面达到的一定水平，也指养成的正确的待人处事的态度。两者的区别具体表现在：

第一，适用对象不同。"休养"用于个人的身心，也适用于社会经济、百姓生活。"修养"只适用于人的思想、理论、知识、艺术。

第二，所用方法不同。"休养"用于个人身心主要采用休息、放松、疗养等方式，用于社会经济和百姓生活，所用的方法是减少支出、减少花费。"修养"所用方法主要是不断学习和深入实践。

第三，期望的结果不同。"休养"用于社会经济和百姓生活方面时，目的在于使人力、物力、财力得到补益和提高；指休息调养时，目的在于使身心得到恢复。"修养"侧重在逐步养成好的品德。

【正例】

①不过他不愿将这些他得意的成绩拿去发表，因为只能给一伙没有修养的人作嘲讽的谈资的。（丁玲《韦护》）

②为了他的身体和精神的休养，她希望他们暂时离开上海，他们旅行去。（丁玲《一九三〇年春上海》）

链接："休养生息"还是"修养生息"？

"让工厂尝到好处，也使他们修养生息，改造自己，发展自己"（《人民日报》1991年10月9日）一句中"修养生息"说法不正确，应该用"休养生息"才对。"休养生息"出自韩愈《平淮西碑》："高宗中睿，休养生息。""休养"是手段和措施，"生息"是目的。指在国家大动荡或大变革之后，减轻人民负担，使生活安定、人口增殖、生产发展、恢复元气。"休养"是指使人们得到休息调养，作为一种措施，可以起到促进生养繁衍的作用。而"修养"是指人的理论、知识、艺术、思想、为人处世等方面的水准，不能视为达到促进生产发展和人口繁衍的手段。因此，只能用"休养生息"而不能用"修养生息"。

修整｜休整

[错例] 在这次军事会议上，大家都认为衡阳工事坚固，不易进取，决定全军渡过湘江北岸修整，以后再伺机行动。

【诊断】

"修整"应为"休整"。音同义近致误。两个词都是动词，都有加以调整的意思。但一个是"休"整，即通过休息来调整。一个是"修"整，即通过修理来调整。因此它们在使用时就有不同的职能和作用，不能不认真加以区别。

【辨析】

"休整"与"修整"可以从以下方面进行区别：

第一，从构成语素来看："休整"的"休"是"休息"的意思，"整"是"整顿"的意思，"休整"即休息整顿；"修整"的"修"是"修理、维修"的意思，"整"是"整理"的意思，"修整"即维修整理。

第二，从动作目的来看："休整"的目的是使人员的身体和心理状态得到调整，"修整"则是让器物、用具等由有所损坏到重归于完好。

第三，从搭配情况来看："休整"多用于军队，如"利用战斗间隙进行休整"。也可用于执行某项任务的一个团队，如"运动员们利用这几天比赛间隙正在好好休整"。"休整"一般不带宾语。"修整"主要与用具、用品等搭配，而且可以带宾语，如"修整桌椅""修整房屋"。

【正例】

①这城五十年前还是荒野，如今竟修整得美好异常。（冰心《寄小读者》）

②为了照顾该团不致过于疲劳，并且为了准备下一个战役的作战，师里命令他们撤到花溪里一带休整。（魏巍《东方》）

链接："修"与"休"

"修"和"休"作为同音字，含义完全不相同。"修"是一个形声字，从彡，攸声。"彡"有装饰义，本义为修饰、装饰。如"不修边幅"就是不注意仪容仪表的修饰。又由对外表的修饰、装饰引申为"整修，修理"，如"修葺""修理"等。"休"是会意字，从人，从木。人依傍大树歇息，表示"休息"的意思。

"修"用于对外表、结构、功能等方面的修饰、整修，"休"指机体主动地休息。因此"修整"就是对物件进行修理，"休整"就是生命体得到休息、机能得到恢复。

学历|学力

同等学历申请硕士学位的人员，既要通过国家组织的外语水平全国统一考试，又要通过学校研究生第一外语学位考试。

【诊断】

"学历"应为"学力"。音同义混致误。两个词都和人的文化知识水平有关，但它们并非同一概念。"学历"是与学习有关的经历，"学力"是与学习相关的功力、能力，不能混为一谈。

【辨析】

"学历"和"学力"的区别可以从以下两方面进行辨别：

第一，概念所指不同。"学历"的"历"，义为经历，指人们在教育机构中接受教育的学习经历。如"他苦读寒窗十多年，取得了大学本科学历"。"学力"的"力"，义为能力造诣，指文化水平达到的程度或学术造诣。如"他仅念完高中，但现在的学力却达到了大学本科水平"。

第二，衡量标准不同。"学历"以最高层次的文凭为衡量标准。也就是说一个人具有什么学历，是指他最后也是最高层次的一段学习经历，以经教育行政部门批准，实施学历教育、有国家认可的文凭颁发权力的学校及其他教育机构所颁发的学历证书为凭证。"学力"则是以自学和补习经历、工作经历、科研成果等为衡量标准。通常以某一级学历为参照，如果某人现有最高学历低于这一级学历，但是其自学补习经历、工作经历、论文论著或科研成果等达到了规定的有关标准，就表明他达到了这一级的学力。

【正例】

①可是徐凤英并不注意这些，她注意的是这女孩子的相貌的变化，和如何使她具有一定的学历。（杨沫《青春之歌》）

②我们学堂上也招收有同等学力的学生。（巴金《家》）

链接："同等学力"与"同等学历"

几乎所有的汉语词典里都只有"同等学力"这个词。"同等学力"指没有在某一级学校毕业，但通过自学和补习，达到与某一级学校的毕业生相同的文化程度或专业知识水平。在我国，被认定具有与某层次学历同等学力的人，在升学考试、学位授予或招聘考核等方面，与有该学历的人享有相同待遇。

那么，"同等学历"是怎么回事呢？这里有两种情况：一是因为"学历"与"学力"混淆不清而造成了错写，以"同等学历"代替"同等学力"；还有就是确有"同等学历"这个概念，但和"同等学力"不是一回事。

"同等学历"是指具有某级考试相同层次的学历或者获得同级考试教育但非同一学科、专业的毕业证书（包括相应的学位）。例如，一般认为，我国中等专业学校或者职业高中的毕业生和普通高中毕业生具有同等学历。同等学历的概念在学位与研究生教育工作中有参考意义。如在研究生招生工作中经常出现的同等学历考生（非某一学科专业毕业的本科、硕士生或学士、硕士学位获得者）跨学科、专业报考硕士生、博士生；在学位工作中出现的非本学科、专业毕业的同等学历申请者（硕士、博士研究生或硕士、博士学位获得者）跨学科、专业申请硕士、博士学位等。

简言之，"同等学力"是学历未达到，但能力水平达到了；"同等学历"是学历达到了同一等级，但学科或专业不同。

讯问│询问

[错例] 公安部门着手对案件展开调查，目前正讯问现场目击证人。

【诊断】

"讯问"应为"询问"。音近义近致误。两个词原本通用，都指打听情况。现在发生了一些变化，尤其是用作司法术语时，两者有着更为严格的区分，要特别加以注意。

【辨析】

"讯问"和"询问"都为动词，它们之间的区别主要表现在：

第一，都可指打听情况，但语体色彩不同。"询问"，口语书面语都可以使用，是个常用词。"讯问"书面语色彩较浓，口语中较少使用。

第二，都可用作司法术语，也存在许多不同。作为司法术语，二者均为司法机关为查明案情而采取的侦查或调查的方法。首先，施用的对象不同。"讯问"适用于犯罪嫌疑人、被告人；"询问"则适用于犯罪嫌疑人、被告人以外的诉讼参与人，如证人等。其次，采用方式不同。"讯问"必须由侦查、审判机关依法进行，带有强逼性，其他任何单位、个人无权对公民进行讯问；"询问"更多表现为打听情况，征求意见，不具有强逼性。再次，问的内容不同。"询问"是要向证人了解他所知道的案件情况，让他如实提供证据、证言；"讯问"是要问犯罪嫌疑人是否有犯罪行为，让其陈述有罪的情节和无罪的辩解，以查明有关犯罪事实、动机、目的和手段。

【正例】

①张全义两句问话，很有点讯问的味道，但周仁却不慌不忙，神情坦然，张全义倒不敢问下去了。（陈建功、赵大年《皇城根》）

②她的眼睛仿佛在询问天，询问地，询问面前所有的人："工地里发生了什么事情？"（杜鹏程《在和平的日子里》）

链接：该用"询问"还是"讯问"？

曾发生这样一次事故：李某无证驾驶出租车时，车辆因故障停于路边，另一男子驾驶摩托车撞在李某违章停放的出租车上，当场死亡。警方接到报告，随即对李某进行了行政拘留，调查中发现李某为逃避责任，还让其子作伪证。随后，又对其子作伪证的事实进行调查。

警方在给上级情况汇报中说，对李某及其子进行了"讯问"。而上级部门认为对李某父子应进行"询问"而不是"讯问"。因为根据《中华人民共和国行政处罚法》第37条的规定，对行政违法行为人，包括违反道路交通安全管理、违反治安管理的行为人，只能用"询问"，不能用"讯问"。"讯问"是针对犯罪嫌疑人、被告人的。2005年8月28日全国人大常委会通过的《治安管理处罚法》第83条再次明确对违反治安管理行为人只能用"询问"。

沿用｜延用

【诊断】

"延用"应为"沿用"。音同义近致误。一般词典只有"沿用"而无"延用"，"延用"是"延期使用"的缩略形式。虽然两个词都有继续使用的意思，但是具体情况有别，"沿用"重在"沿袭"，"延用"重在"延长"，不能等同视之。

【辨析】

"沿用"义为继续使用（过去的方法、制度、法令等），"延用"义为延期使用。两者的区别主要体现在：

第一，词义侧重不同。"沿用"侧重于沿袭以前的，不加以改变或放弃。"延用"侧重于延长东西的使用期限，不停止使用。

第二，适用对象不同。"沿用"的对象一般是从开始就不一定设定使用期限的事物，如方法、制度、法令等。这些事物以前一定使用过，后来继续使用。"延用"的对象一般是设定了使用期限的事物，超过期限就失效或会造成不良后果，如药物、电器等。

第三，组合功能不同。"沿用"可以带宾语，如"沿用旧的做法"。"延用"一般不能带宾语。

【正例】

①高志华心想，李老师习惯于沿用老方法，走旧路子，

看来，很有必要向他重申一下组织集训队的新方针。（童边《新来的小石柱》）

②不少市民询问，摩托车报废后原牌号可否继续使用。昨日，市车管所工作人员告诉记者，市区不能申请延用。（《扬州晚报》2007 年 7 月 10 日）

链接："沿"与"延"

"沿"和"延"除了读音相同之外，字形不同，含义也不同。"沿"本义为顺着水道，如《尚书·禹贡》："沿于江海，达于淮泗。"引申为顺着路线，如"沿途""沿线"。由"顺着路线"又可引申为"相因、仍旧"，如"相沿成习"。"延"有"伸展、延长、延续"的意思，如"延颈举踵""延年益寿"。

这样就有了"沿用"和"延用"之间的区别。"沿用"的"沿"，用的是"仍旧"的意思，含有"顺着原来的轨迹继续……"的意思，"沿用"意思是仍旧使用、继续采用（以前的方法、制度、法令等）。"延用"的"延"，含有"使短的变长"的意思，"延用"就是"延长使用期限继续使用"的意思。

要塞|要道

［错例］嘉峪关城楼地处河西咽喉之地，是历代封建王朝戍边设防的重地，也是古代丝绸之路及东西文化交流的交通要塞。

【诊断】

"要塞"应为"要道"。因义近致误。两个词都指地理位置非常重要的地方，通常"要塞"和"要道"有密切关系，"要道"之上常常有"要塞"存在。但是两者所指并不相同，各有其不同的特征和作用。

【辨析】

"要塞"指军事上的险要处、防御重地，"要道"指重要的道路、通道。它们之间的主要区别有：

第一，特征不同。"要塞"一般周围地势险要，有关口、碉堡等军事建筑和设施。通常出现在陆路上，如"汉口以北，以武胜关为要塞"。"要道"是连接两地的通道，往往两侧由于各种原因不便通行，只有中间一条形状狭长的地带畅通。可以出现于陆路或水路，如"丝绸之路是中国通向中亚甚至欧洲的要道"，"马六甲海峡是太平洋和印度洋之间的要道"。

第二，作用不同。是"要塞"还是"要道"完全视其功能而定。"要塞"为防御抵抗之用，"要道"为交流沟通之用。山海关在古代就是抵御外敌的"要塞"，"运河"一直以来是南北沟通的"要道"。

第三，搭配量词不同。"要塞"一般以防御建筑和设施为主要标志，量词用"座"。"要道"是狭长的通道，所以量词一般用"条"。

【正例】

①龙州是广西紧靠越南的要塞,驻有大部队,还有外交办事处。(叶浅予《细叙沧桑记流年》)

②在山海卫城西门外大约八里路的地方,在官马要道上,有一个小小的村庄,叫作红瓦店。(姚雪垠《李自成》)

链接:"嘉峪关"与"河西走廊"

今甘肃境内,东起乌鞘岭,西至古玉门关,南北介于南山(祁连山和阿尔金山)和北山(马鬃山、合黎山和龙首山)间,长约900公里,宽数公里至近百公里,为西北—东南走向的狭长平地,形如走廊,称甘肃走廊。因位于黄河以西,又称河西走廊。河西走廊历代均为中国东部通往西域的重要通道。汉唐以来,成为"丝绸之路"一部分。

在河西走廊的中部,有一座关口叫嘉峪关。由于这里地势险要,南北宽度为整个河西走廊最窄处,明代就在此处修筑了关塞以抵御外敌。嘉峪关是明代万里长城西端的重关,自古就有"天下雄关"之称。

因此,河西走廊是联系中原与西域的重要通道,即"要道";"嘉峪关"则是这个通道上的一个重要关塞,即"要塞"。

一挥而就丨一蹴而就

[错例] 任何一个精英型人才的成长都不是一挥而就的，而是在长期的积累、学习、进步之后所达到的一种层次。

【诊断】

"一挥而就"应为"一蹴而就"。因不明成语含义而致误。二者都有轻而易举、容易完成的意思，但是使用场合不同，感情色彩不同，需加以区分。

【辨析】

"一挥而就"与"一蹴而就"的区别主要在于：

第一，适用场合不同。"挥"义为舞动。"一挥而就"意思是说一动笔就成了。形容运笔熟练敏捷，快速如飞。多用于写字、画画、作文等方面。"蹴"义为踏、踩。"一蹴而就"意思是踏一脚就成功。形容事情轻而易举，一下子就能完成。多用于对难以一做就成功的巨大的工程、艰巨的任务、伟大的事业等认识不足，想得过于容易。可见，"一挥而就"使用范围较窄，而"一蹴而就"使用的范围相对要宽得多。

第二，感情色彩不同。"一挥而就"表示熟练敏捷、运笔如飞，有对作文、写字、绘画等的水平加以赞扬的意思，所以是褒义词，多用于肯定句中，如"他写文章才思敏捷，一挥而就"。"一蹴而就"用于把不容易的事情看得轻而易举，有对这种做法的批评和不满的意思，所以是一个贬义词，多用于否定句中，如"这件事不可能一蹴而就"。

【正例】

①我现在的写作方法是：一动手写就准备着修改，决不幻想一挥而就。（老舍《老舍自传》）

②共产主义事业，真如我们所说的是"百年大业"，是决不能"一蹴而就"的。（刘少奇《论共产党员的修养》）

链接：手"挥"脚"蹴"

从"挥"和"蹴"这两个字的偏旁来看，一个是提手旁，一个是足字旁，很显然一个是表示手上的动作，一个是表示脚上的动作。"挥"为形声字，从手，军声，本义是抛撒、甩出。"蹴"也是形声字，从足，就声，本义为踩、踏。

这样，"一挥而就"这个成语自然和手的动作有关了，形容挥手进行书写绘画等，速度很快。"一蹴而就"的意思与脚上动作有关，原义是踏上一脚就能完成，一般用来形容成功来得轻而易举。

一文不名｜一文不值

[错例]那些贪污腐化分子，挥霍浪费国家财产，他们的人格可以说是一文不名。

【诊断】

"一文不名"应为"一文不值"。由于不明成语含义而致误。两者都和钱有关，而且词形相似，但适用的对象和形容的角度明显不同。

【辨析】

"一文不值"与"一文不名"虽只有一字之差，但两者意义相去甚远。它们的区别主要表现在：

第一，词义侧重不同。"文"是旧时币值最小的铜钱，"名"是"占有"的意思。"一文不名"指一文钱也没有。相当于"身无分文"，形容极其贫困。"值"义为"价值"，"一文不值"是说一文钱的价值都没有，相当于"一钱不值"，形容没有价值，不值钱。

第二，适用范围不同。因为只有人才有穷不穷的问题，"一文不名"只用于人。因为人、物都有价值的判断问题，"一文不值"既可形容东西没有价值，也可形容地位卑微、受人鄙视。因此，常用于物，也用于人。

【正例】

①如果他有钱给那些人行点贿，送包"烟钱"，也就过去了；可是他身上一文不名。——要是有一点钱，他也不至于连着两天没有一点东西入肚呀。（杨沫《青春之歌》）

②有时说自己的作文的根柢全是同情，有时将校对者骂得一文不值。（鲁迅《而已集·读书杂谈》）

链接：一道高考题

2004年高考北京卷语文试题，要求判断句子中加点成语使用是不是恰当。其中一句是："这件事对我无异于晴天霹雳——一块珍藏多年价值连城的璧玉，顷刻变成一块一文不名的瓦片。"句中加点的成语是"一文不名"。

在这句话里，"一文不名"使用得不恰当。因为一来描写对象是物不是人，"璧玉"本身不能占有钱财，也就无所谓"名"不"名"的了；二来是说璧玉变得没有价值，不值钱了，这正好是"一文不值"的意思。因此，如果将"一文不名"改成"一文不值"，那就对了。

一言九鼎｜一诺千金

[错例] 诚实守信、一言九鼎历来都是中国人的传统美德，是公民道德规范的基本要求，也是现代社会文明的基石和标志。

【诊断】

"一言九鼎"应为"一诺千金"。由于不明成语含义致误。两者都指说出去的话起作用，但起作用的表现并不相同。

【辨析】

"一言九鼎"与"一诺千金"都用来评价人的语言，但是两个成语的侧重点不同，对人物语言的评价角度也不同。

第一，从出典和释义看。"一言九鼎"语本《史记·平原君虞卿列传》："毛先生一至楚而使赵重于九鼎大吕。""九鼎"传说是夏禹所铸，以九鼎象征九州，后也指古代国家的宝器。鼎通常为青铜所铸，分量极重。"一言九鼎"就是说一句话抵得上九鼎重，比喻一句话即可产生极大的力量，能起决定性作用。"一诺千金"语本《史记·季布栾布列传》："楚人谚曰：得黄金百，不如得季布一诺。"意思是，得到百斤黄金，还不如得到季布的一个承诺。"一诺千金"指一句承诺等于千金黄金，形容说话算数，诚信可靠。

第二，从使用场合看。"九鼎"言其重而有力量。"一言九鼎"侧重表示说出的话能产生极大的力量，因此常用于某人的话能起决定性作用的场合。如，在某一事件中谁的话起了关键作用，可以说"一言九鼎"，或者在一个集体中最有权威的人说出的话能起决定性作用，也可以说"一言九鼎"。

"一言九鼎"不用于赞美一个人讲信用。"千金"言其昂贵。"一诺千金"侧重表示诺言非常有价值，因此常用于某人的许诺或应允别人的事情一定会兑现，称赞一个人坚守约定、诚实守信。"一诺千金"不用于赞扬一个人的话有影响力、能起决定性作用。

【正例】

①贤妹是他的救命恩人，一言九鼎。倘蒙贤妹劝说几句，使他悬崖勒马，潜逃异乡，避此厄运，我将世世生生永感贤妹之德。（姚雪垠《李自成》）

②范友文却也怪哩，偏不收，说他这人一诺千金，还就是要做成这笔大买卖。（周梅森《绝对权力》）

链接："一言九鼎"

"一言九鼎"和《史记·平原君虞卿列传》中的一个故事有关：秦昭王十五年，秦国派兵围困赵国都城邯郸，赵王派平原君到楚国求救，平原君的门客毛遂自荐一同前往。起初，随同平原君前去的策士轮番上前游说，但楚王始终拒绝出兵，谈判陷入僵局。后来毛遂申明此事的利害关系，才促使楚王同意出兵救赵，终于力挽狂澜。事后，平原君对毛遂大加赞赏，说："毛先生一至楚而使赵重于九鼎大吕。毛先生以三寸之舌，强于百万之师。"

平原君的话意在称赞毛遂说出的话起了很大的作用。后来就用"一言九鼎"比喻一句话即可产生极大的力量，能起很大作用。

以致|以至

[错例] 他的腿受了重伤，以至几个月都起不来床，家里原本困难的经济状况更加严重了。

【诊断】

"以至"应为"以致"。因读音相同用法相近而致误。两个词都可作连词，用在复句的后一个分句之前，表示前后有因果关系。然而它们所表示的因果关系还是有差异的，要仔细辨别。

【辨析】

"以致"和"以至"都可用作连词，读音完全相同，但它们的意义和用法有不小的区别：

第一，"以至"用于表示事物程度的升级，如在时间、数量、程度、范围、等级上的递增或递减，相当于"一直到"。例如"实践、认识、再实践、再认识，这种形式，循环往复以至无穷"。"以致"没有类似的用法。

第二，两者都可以用在复句的后一个分句的开头，表示后面出现结果，但存在着区别。"以致"用于某种原因导致的后果，即由于前面所述原因而造成的结果，大多是不好的或说话人所不希望的结果。如"他的腿受了重伤，以致几个月都起不来床"。"以至"表示由于前面分句所说的动作、情况的程度很深而形成的结果，表示因果关系。例如"他非常用心地写生，以至野地里刮起风沙来也不理会"。简言之，"以致"强调前面的原因直接导致了结果，而结果是不希望出现的。"以至"表示由于前面的原因自然而然形成了某种状态，强调前面所讲情况程度之深。

第三，"以至"可以说"以至使……"，但"以致"已经有"致使"的含义，所以不能用"以致使……"。"以至"可以说"以至于"，"以致"不能说成"以致于"。

【正例】

①我不觉浑身燥热起来，以致火车已走过了镇江，我才想起我原来的打算。（茹志鹃《在社会主义的轨道上》）

②黎族人民对革命的忠诚，以及对建设山区的远大理想，激励着我，以至于使我忘记了山路的艰险。（张振金《五峰如指翠相连》）

链接：一道公务员考试题

2005 年下半年广东省公务员录用考试试题有一道选词填空题，要求从"以至"和"以致"中选择一个填入括号里：

他事先没有充分研究，（　　）得出了错误的结论。

这里应该选择"以致"。该词用在表示因果关系的复句的后一分句之前，前一分句所说的"没有充分研究"导致了后一分句"得出了错误的结论"这一结果，而这样的结果又是不好的，不希望出现的。因此，用"以致"才是恰当的。

姻缘 | 因缘

[错例] 相传这块外形独特的石头，成功地为众多善男信女缔结了美满因缘。

【诊断】

"因缘"应为"姻缘"。音同义混致误。两个词都有"缘分"的意思。人与人之间有"因缘"，特别是男女之间既可能有"因缘"，也可能有"姻缘"。究竟是哪种"缘"，一定要仔细区分才能准确使用。

【辨析】

从释义来看，"因缘"的义项多，"姻缘"的义项单一。通过义项的比较，我们可以比较明确地区别这两个词。

"因缘"，本为佛教术语。在产生"果"的时候，"因"是起主要直接作用的条件，"缘"是起间接辅助作用的条件。合在一起成"因缘"，就指事物产生、变化和毁灭的根据和条件。也指事情的原因、缘故，例如"这件事的发生是有因缘的"。这时，只要注意与"姻缘"字形的不同，就不大容易与它混淆了。

当"因缘"表示缘分、机缘的时候，就很容易与"姻缘"混淆。它们最大的不同在于："因缘"泛指人与人之间的一切机缘、缘分；"姻"指男女嫁娶之事，因而"姻缘"特指结成夫妻的缘分。这样看来，不论性别如何，人与人之间有了某种机缘，都可叫"因缘"。可是男女之间的机缘却要视情况而定：如果有嫁娶，成了夫妻，这就是有"姻缘"；一般情况无论感情多久多深都只是"因缘"。所以《红楼梦》

中宝玉黛玉之间的缘分只是"木石因缘",而宝玉宝钗之间就是"金玉姻缘"了。

【正例】

①我想不商量是不好的。我们处在哥嫂的地位,并非爷娘;或许这确是好姻缘,若由我们作主回绝了,她将来要抱怨的。(叶圣陶《倪焕之》)

②我想,这和电影有极大的因缘,因为一面是用图画来替文字的故事,同时也是用连续来代活动的电影。(鲁迅《南腔北调集·〈一个人的受难〉序》)

链接:《啼笑因缘》还是《啼笑姻缘》?

"通俗文学大师"张恨水代表作是《啼笑因缘》,一直以来都有人把它写成《啼笑姻缘》。究竟哪个才是正确的呢?

小说写的是在北京求学的大学生樊家树与三个年轻女子关秀姑、沈凤喜、何丽娜之间复杂的感情关系和曲折的人生经历,人物之间的机缘巧妙地设置在一环扣一环的故事情节当中。尽管有男女之间的倾心暗恋,但却并未有美满的婚姻在他们之间出现。所以张恨水生前对小说名"因缘"被写成"姻缘"表示过不满:"我用的是'因缘',不知怎么搞的,到了新闻纸上,竟多有改作'姻缘'的……"他说之所以不能将"因缘"改成"姻缘",是因为"我的这个不完全是婚姻问题,所以因缘的因没有女字旁"。可见,写成《啼笑姻缘》是不符合小说内容的,也是不符合作者写作初衷的。

印证｜引证

也许我们不能拿出准确的统计数字来引证我们的怀疑，但是如果你稍微留意一下身边的人和事，就会觉得他们的说法并不可靠。

【诊断】

"引证"应为"印证"。音近义近致误。两个词都指用材料加以证明。"引证"是以"引用"来证明，"印证"是用事实或材料来比较并证明相符。两个词存在多方面的不同。

【辨析】

"引证"即引用前人事例或著作为证据来证明。"印证"指通过对照比较，证明观点、想法、预言与事实相符。两者的主要区别表现在：

第一，所用方法不同。"引证"侧重引用事实或资料来证明观点、看法，所使用的材料可以是事实，也可以是文字性的资料，如引用名人名言、俗语警句、文章资料等，即所谓的引经据典。"印证"侧重通过比较发现事实与某种看法相符，或者后面的情况与以前的事实相符，用来比较的材料通常是客观事实。

第二，在证明过程中地位不同。"引证"是论述者为了达到证明某一观点的目的，有意找来有关材料来支持、证明该观点正确与否，因此往往有非常明确的目的性。"引证"是用来证明的方法。"印证"通常是后来发现的事实或材料，通过比较正好与原来的某一事实、观点或预言相符。"印证"反映的是证明的结果。

第三，语法功能不同。两者都能作动词。"引证"常带表示论证材料的名词作宾语，如"引证了大量资料"；"印证"常带表示观点、看法、预言类的名词作宾语，如"印证了我的想法"。它们也都能作名词。"印证"表示能证明观点、想法等跟事实相符的事物，如"终于找到了印证"；"引证"表示引用资料进行论证的方法，如"文章运用了引证"。

【正例】

①因为这段讲述还有其他几个人的讲述印证，我们特意用旁观的语调描述。（柯云路《那个夏天你干了什么》）

②文章列举的理由很多，但我觉得缺乏足够的分析和引证，譬如文章说自杀者多为身体孱弱气虚畏寒之辈，我觉得这几乎就是想当然的唯心论思想。（苏童《那种人》）

链接：说"印"

"印"是一个会意字。根据甲骨文字形，左边是手爪，右边像跪着的人，合起来表示用手按人使之跪拜。能有逼人跪拜的力量的，那就是权势。而在古代官印就是权势的象征和代表，所以，"印"本义就是官印。由此又泛指所有的印章、图章。印章和印出来的结果，文字、图像一定是相配的，相符的。

由表示"印章"的"印"进一步抽象以后，"印"又有了两者相符合的意思。如"印象"就是形体映在水中或镜中的影子，喻指客观事物在人的头脑里留下的迹象，这里形体与影子、事物与迹象一般具有相符的特点。"印证"的"印"就有两相对照相符的意思。

营利｜盈利

[错例] 沃尔玛报告说第一季度营利有所上升，但这一结果却低于华尔街预期。

【诊断】

"营利"应为"盈利"。音同义混致误。两者都和获取利润或利益有关，区别是仅有获利的期望还是事实获利。词性也有区别。

【辨析】

"营利"指谋取利润。"营"在这里是谋求的意思。"盈利"指获得利润或指企业单位的利润。"盈"在这里是多余或者多出来的意思。"盈利"也可写成"赢利"。可以从以下两方面去区分：

第一，词义侧重不同。"营利"既然是谋求利益或利润，就是一种主观上有获取利润动机的行为。不论这种动机是否达到了获得实际利润的目的，都可称为"营利"。"营利"这一主观行为可能产生盈利、亏损和持平三种客观结果。"盈利"无论是"获得利润"还是"企业单位的利润"，都侧重获利的客观结果。

第二，词性不同。"营利"是动词，如"不能只管营利，不讲信誉"。"盈利"则不同，它有动词和名词两种用法：作动词时指获得利润的行为，作名词时指已经得到的利润。

【正例】

①我和方方作为犯罪集团主犯被控犯有敲诈勒索公私

财物罪；以营利为目的，引诱、容留妇女卖淫罪。（王朔《一半是火焰，一半是海水》）

②成功了，可达到盈利目的；失败了，母公司不担风险。（叶浅予《细叙沧桑记流年》）

链接："以营利为目的"还是"以盈利为目的"？

人教版全日制普通高级中学教科书《思想政治(试用本)》一年级上册第 66 页有这样一句话："企业是以盈利为目的而从事生产经营活动，向社会提供商品或服务的经济组织。"而《中华人民共和国教育法》（1995 年 3 月 18 日第八届全国人民代表大会第三次会议通过）第三章第二十五条有这样一句："任何组织和个人不得以营利为目的举办学校及其他教育机构。"前者说"以盈利为目的"，后者说"以营利为目的"。究竟该怎么说呢？

"营利"和"盈利"都可以作为追求的目标，可以用在"以……为目标"的结构中。不同的是，以"盈利"为目标，这是确定的获得利润的目标，以"营利"为目标，这是存在变数的目标，可能盈利、持平或亏损。像商人或企业，他们明显可以以追求获得利润为目的，说"以营利为目的"当然可以，甚至可以说"以盈利为目的"更恰当，更符合商业活动中追求利润最大化的规律。但也有只能用"营利"而不能用"盈利"的情况，如当明确不允许以谋利为目的时，法律制度上用以规定的条文上，一般采用"不（不得、不允许、禁止）以……为目的"的格式，这时就只能用"营利"了。因为这里是要禁止一切谋利的动机，不论最后结果是否获得了利润或利益。总之，在"以……为目的"格式中，"盈利""营利"都能用，在"不（不得、不许、禁止）以……为目的"格式中，只能用"营利"。

优美｜幽美

[错例] 她这篇文章的文笔非常幽美，细细读来，一幅清新的画卷就展现在了眼前。

【诊断】

"幽美"应为"优美"。音同义近致误。两者都可用来描写自然环境的美，但所体现的美的特征不同。另外适用的范围大小也不同，两者并不能随意互相替换。

【辨析】

"优美"与"幽美"都是形容词，都含有美的意思。但侧重点不同，适用范围亦各异：

第一，词义侧重不同。"优美"侧重在"优"，即美好。"幽美"侧重在"幽"，即幽雅、宁静。

第二，适用范围不同。"优美"适用范围较宽，可用于人或者其他事物。一般用来描写自然风景，也可用来描写姿态、声音、语言文字、艺术作品等，几乎包括日常生活中的色彩、线条、声音、动作、形状、姿态等所有美好的东西。"幽美"适用范围较窄，一般只用来描绘自然环境，以及山村、庭院等。

【正例】

①假若没有这些古迹，这两座庙子的优美自然一点也不减少。（老舍《老舍自传》）

②刘家小院很清雅。挂满丝瓜、豆荚的篱笆上，绿油油的叶子沐浴在温煦的阳光下，给人一种幽美、恬静的感觉。

（杨沫《青春之歌》）

链接："优"与"幽"

"优"，形声字。《说文解字》解释："从人，尤声。优，饶也。一曰倡也。"也就是说"优"最初有两个意思，一是指"丰足、富饶"，一是指"优伶、歌妓"。由"丰足、富饶"就可以引申为"好""优良"等义，于是也就有了"美好"的意思。

"幽"，形声字。《说文解字》解释："幽，隐也。"本义是为山所遮蔽，隐蔽，如"幽居"即"隐居"。后又由于隐蔽的地方大多比较安静，所以"幽"又引申为幽静隐蔽之义。

"幽"着重强调离开喧嚣的僻静，"优"则更接近美学意义上的"美"。因此，"幽美"能够因幽静而给人带来舒适惬意的感觉，"优美"则能在更广意义上给人带来愉悦的美好享受，甚至用作美学概念，专门指和"壮美"相对的"婉约柔和的美"。

原型｜原形

【诊断】

"原型"应为"原形"。音同义近致误。两者读音完全相同，而且都可指本来的样子，但它们适用的场合不同，所对应的另一"形象"更不相同，不能互相混淆。

【辨析】

"原形"与"原型"的区分可以从以下两方面来看：

第一，含义不同。"原形"指事物原来的形状，如"虽然经过了风吹雨淋，这座沙雕仍然保持了它的原形"。在古代神魔小说中，经常描写一些妖魔鬼怪善于变化成人形或其他东西来迷惑别人。相对于变化后的外形，它们原来的真实样子也叫"原形"。如《西游记》中盘丝洞女妖精的"原形"就是蜘蛛。后来就用"原形"来比喻人本来的真实面目，常含贬义，如"他平时好像很老实的，这次终于露出了原形"。"原型"指原来的类型或模型，特指文艺作品中塑造人物形象所依据的现实生活中的人。文艺作品中的人物形象往往都是作者根据现实生活中的真实人物经过艺术加工而创作出来的，与作品中的某个人物形象相对应的现实生活中人物，就是"原型"。如不少研究者认为，《红楼梦》中贾宝玉的"原型"就是作者曹雪芹。

第二，对应关系不同。"原形"和"原型"都指"本来的样子"。但"原形"是为了欺骗、蒙蔽而被故意隐藏了的本来面目，伪装的面目与本来面目属于同一个人，只是表里的不同；文艺作品中的"原型"则仅是艺术家创作艺术形象所依据的现实中的人物，人物形象与人物"原型"是各自独立的，"原型"属于现实世界，人物形象属于艺术世界。

【正例】

①如小说中的主要英雄人物杨子荣的塑造，是以现实生活中的同名英雄为原型的，真实生活中的杨子荣牺牲于一次剿匪战斗。（陈思和《中国现代文学史》）

②解放大军一渡江，他就露了原形，一支盘尼西林也付不出。（周而复《上海的早晨》）

链接："形"与"型"

"形"，《说文解字》解释："象也，从彡，开声。""彡"为人身上的须毛和饰画的花纹。所以"形"表示可以看见的形象，用于人指外在形貌、形体。

"型"，形声字，从土，刑声。《说文解字》解释："型，铸器之法也。"本义为铸造器物的模子。古代把用木做的叫模，用竹做的叫范，用泥做的叫型。严格地讲，泥做的铸造器物的模子叫"型"。根据模子可以制造许多同样的器物来，这些一样的器物就成了一个"类型"。

"形"指可以用眼睛看到的外在形象，因而容易加以修饰和伪装；"型"则指复制用的模子，可以仿照并制作新的东西。如果把握了"形"和"型"的这些特点，就不难分辨"原形"和"原型"了。

增值 | 增殖

【诊断】

"增值"应为"增殖"。音同义混致误。由于两者都有"增加"的意思，它们就成了一组易于被混淆的概念。常见的毛病是，许多人不分场合，不分对象，一律用"增值"来代替"增殖"。

【辨析】

要区别"增值"与"增殖"，我们可以从以下几方面着手：

第一，从词的内部结构看。"增殖"是并列式的合成词，"增殖"就是"增生和繁殖"的意思；"增值"是支配式的合成词，"增值"就是"增加价值"的意思。

第二，从词义侧重点看。"值"指事物本身的价值，"增值"侧重指某主体价值的提高；"殖"指增生繁殖，"增殖"则侧重指某主体新的个体数量增多。因此，尽管都有增多的意思，但衡量标准不一样。"增殖"以某主体的单位数量来衡量，如"耕牛增殖"就是耕牛数量增多了。"增值"以某主体的价值来衡量，通常指在事物的单位数量并不增多的情况下价值提高，如"房产增值"就是说同一房产价值提升了。

第三，从使用范围看。一般来看，"增值"常用于资产、商品等能用价值体现的东西；"增殖"可用于生物的个体繁殖，还可用于资本、设备等数量上的增多。还要注意，"资本"因为它本来就是货币，是衡量价值的标准，资本的增多就是本身单位数量的增多，故用"增殖"而不用"增值"。"增值"时并不一定"增殖"，"增殖"时也不一定"增值"。

【正例】

①况且洛阳牡丹还有那么点来历，它因被贬而增值而名声大噪，是否因此勾起人的好奇也未可知。（张抗抗《牡丹的拒绝》）

②森林的培养，畜产的增殖，也是农业的重要部分。（毛泽东《我们的经济政策》）

链接："增殖税"还是"增值税"？

"增值税"是一个新的税种，可能就是因为新的缘故，所以很多人弄不清楚，经常写成"增殖税"。这是错误的。

收有"增值税"词条的《现代汉语规范词典》是这样解释的：以商品生产、流通和加工、修理等各环节所增加的价值额或商品附加值为对象所征收的一种流转税。另一本《新华新词语词典》的解释是：以生产经营过程中新创造的价值额为课税对象征收的流转税。两本词典的解释都说明，这一税种是针对生产经营而新增价值所征收的，并不是针对资产数量增多而征收的。所以正确的写法应该是"增值税"。

侦查┃侦察

[错例] 市消防大队的调查人员通过现场残留的蛛丝马迹查出事故原委，并移送刑侦部门进一步侦察，案情终于真相大白。

【诊断】

"侦察"应为"侦查"。音同义近致误。两个词都是动词，都有通过秘密观察，搜集材料，掌握情况的意思。不少人就把公安和检察机关针对案件所进行的"侦查"活动误为"侦察"。其实，它们分属两个不同的范畴，用法也不同，不能混淆。

【辨析】

"侦查"是为了确定犯罪事实和证实犯罪嫌疑人、被告人确实有罪而进行调查，"侦察"是指为察明敌情及有关作战的其他情况而进行侦视探察活动。它们的主要区别体现在以下几个方面：

第一，所属专业不同。"侦查"常用于公安、检察、司法等部门以及与破案有关的方面，是一个司法术语；"侦察"常用于军事、作战等方面，是一个军事术语。

第二，行动目的不同。"侦查"的目的在于查明嫌疑人，搜集证据，确定犯罪事实，为量刑定罪提供依据；"侦察"的目的在于摸清敌情，掌握敌人动向，获取军事情报，为作战部署提供依据。

第三，所用方式不同。"侦查"侧重指暗中调查，从查证中来掌握真实情况；"侦察"侧重指秘密察看探听，从观察中来了解情况。

第四，搭配情况不同。"侦查"常带"案情、罪行、罪证"等宾语，还可构成"侦查员""侦查科"等词语。"侦察"常带"敌情、地形、动向、火力、部署、情况"等宾语，还可构成"侦察兵""侦察机""侦察班""侦察连"等词语。

【正例】

①但是，宋海峰到大山子市以后，根据他的指示，市公安和检察系统完全改变了原先的工作重点和侦查方向。（陆天明《省委书记》）

②他赶快派出兵士继续侦察，并且吩咐几个将领做好追杀逃敌的准备。（姚雪垠《李自成》）

链接："查"与"察"

"察"，形声字，从宀，祭声。《说文解字》解释："察，复审也。"本义是观察，仔细看。"察看""观察""明察秋毫""察言观色"的"察"都是这个意思。"查"，原同"楂"，指木筏，后用来表示调查、仔细了解情况。

"查"和"察"除构成"侦查"与"侦察"外，还可以构成成对的动词，如：查看—察看，查访—察访，查验—察验，考查—考察，巡查—巡察，探查—探察。"察"强调仔细观察，需要运用人的感觉器官尤其是眼睛去获得有关信息，而"查"并不特别强调这一点。因此，这些词里凡是有"察"的，都强调必须到实地去观察、察看。而有"查"的，既可以进行实地调查，也可以间接地通过材料，或者从侧面通过其他途径来了解情况。

蒸气|蒸汽

[错例] 当锅里的水煮沸以后，要揭开锅盖放入排骨。揭锅盖的时候，一定要小心，以防被蒸气烫伤。

【诊断】

"蒸气"应为"蒸汽"。音同形近义近而致误。两个词都是指物质蒸发而形成的气态，字形上只是"气"字有没有三点水的差别，使用时极易弄错。

【辨析】

"蒸气"与"蒸汽"都是物质的气态，但"蒸气"是上位概念，"蒸汽"是下位概念，它们之间的区别主要体现在：

第一，所指范围不同。"蒸气"是泛指，凡是液体或固体（如水、碘、汞、苯）因蒸发、沸腾或升华而变成的气体，都叫"蒸气"。"蒸汽"是特指，仅指水加热到沸点所变成的水汽，即气态的水。可见"蒸气"所指的范围远大于"蒸汽"，"水蒸气"等于"蒸汽"。

第二，构词情况不同。"蒸气"一般不单独使用，而要在前面加上与之相关的事物，如水蒸气、苯蒸气、汞蒸气、碘蒸气。"蒸汽"特指水形成的蒸气，义同"水蒸气"。"蒸汽"运用比较自由，它既可以单独成词，也可以作为语素同别的语素结合成词，如"蒸汽机""蒸汽管""蒸汽机车"等。

【正例】

①细微的水蒸气在金黄的灯光里渐渐地氤氲开来，迎

面的大镜子蒙上了一层雾，镜子中的这个凹凸分明的女人，变成了一团白色的暗影。（莫言《红树林》）

②河上飘浮着夏日特有的高而且亮的银色的云，像河水腾起的蒸汽一般，游移不定，变幻无穷。（张贤亮《河的子孙》）

链接："水蒸汽"还是"水蒸气"？

很多人不知道烧水时冒出的气态的水该写作"水蒸气"还是"水蒸汽"。在书刊上也经常会看到用错的现象。其实，正确的写法应该是"水蒸气"，或者"蒸汽"。

"汽"可以特指水的蒸气，而"气"仅指一般的气体。这样一来只要说"蒸汽"就明确是指水的蒸气了，而单用"蒸气"还不行，可能让人误解成碘、汞等其他物质的气态，必须再加上"水"字才行。

可以归纳出这样一个公式："蒸汽"＝"水蒸气"≠"水蒸汽"。严格地说，没有"水蒸汽"这一写法。我们可以这样去记忆：由水蒸发而形成的气体，叫"蒸汽"或者"水蒸气"。要么是"汽"有三点水，用"蒸汽"两个字就行了，要么在"蒸气"前加一个"水"字。要有"水"才行，但"水"太多了又不行。

正规┃正轨

[错例] 然而当我的生活走上正规后，我才发现正置身于一个无形的陷阱，随时都可能深陷其中，不能自拔。

【诊断】

"正规"应为"正轨"。音近义近致误。两个词都有"正"字，都有正常、规范的意思。但"规"和"轨"两个关键语素之间存在明显区别，决定了这两个词不论意义还是用法都不一样。

【辨析】

"正规"指符合正式规定的或符合一般公认的标准的，"正轨"指符合规范的、正常的道路。两个词的区别主要表现在：

第一，词义和侧重不同。"规"是"规范"的意思，"正规"是指符合正式规定或一般公认标准的，侧重于"正式，符合规范"，是标准化、规范化的结果。"轨"是"轨道"的意思，"正轨"是指正常的发展道路，也指正常的秩序，侧重于"正常"，是走出混乱和无序之后的结果。

第二，词性和搭配不同。"正规"是形容词，因此可以受程度副词"很、非常、十分"等修饰，如"很正规"等。常用来修饰"军队、产品、工作、做法、生产、企业、学校、考试"等词语，还可构成"正规化""正规军"等词语，可以重叠成"正正规规"的形式。"正轨"是名词，可以接在"走上、纳入、上了、进入"等动词后面作宾语。不能受程

192

度副词修饰，也不能重叠。

【正例】

①形势的发展，使我这个从未受过正规美术教育的人，1947 年间进北平艺专，当了教师。（叶浅予《细叙沧桑记流年》）

②医院总算走上正轨，大量收治病人。百业待举，事事都得我亲临现场。（毕淑敏《红处方》）

链接："规"与"轨"

"规"，是一个会意字，金文字形，从夫（笔）从周，表示用笔画圆的意思。本义就是画圆的器具。用圆规画出来的圆，很符合规则，所以"规"又有了符合法度、符合标准的意思。"轨"是一个形声字，从车，九声。本义为轨距，即车两轮间的距离。又指车辙，可以引申为法则、法规，如"不轨"就是"不合法规"的意思。但后来更常用的是引申为道路、途径。

"规"为符合标准、准则，"轨"为道路。因此"正规"与"正轨"，一个是符合正常标准的意思，一个指正常的道路，并非一码事。

直接｜直截

[错例] 老张瞪大眼睛望着我，直接地问了出来："你是说我有了精神病？"我回答他："可以这样说。"

【诊断】

"直接"应为"直截"。音近义近致误。两者不但读音相近，而且都有不经其他环节的意思，但含义还是存在区别的，搭配组合也不同。

【辨析】

"直接"与"直截"可以从以下两个方面去区分：

第一，含义和侧重有别。"直接"指不经过中间事物的传递或过渡；"直截"是一个文言词，指言语或行动简洁爽快。"直接"与"间接"相对，侧重不经过中间事物；而"直截"与"啰唆、不爽快"相对，侧重不绕弯子。

第二，组合情况有别。"直接"可以受程度副词"很、非常、十分"等修饰，如"非常直接"；可以修饰名词，如"直接关系"；可以用在动词前面作状语，如"直接回来"。而"直截"只能用在动词前作状语，如"直截打断他们谈话"；还可以构成成语"直截了当"。

第三，所指对象不同。"直接"多指行为方式，"直截"用于言语表达的方式。

【正例】

①周恩来是当时的政治部副部长，由他直接领导第三

厅的工作,三厅能是反共的吗?(叶浅予《细叙沧桑记流年》)

②多数人不喜欢燃烧的气味——烧焦的炭与火柴,牛奶,布质——但是直截地称它为"煤臭","布毛臭",总未免武断一点。(张爱玲《公寓生活记趣》)

链接:"直接告诉"与"直截告诉"

下面两个句子的空格处,可以从后面提供的"直接"和"直截"里选择一个最恰当的填入:

1.我没有问他,他就＿＿＿(直接/直截)告诉了我。

2.没等厂里宣布,他就＿＿＿(直接/直截)告诉我,我升职了。

这里第一句应该选择"直截",第二句应该选择"直接"。因为第一句是说在"我"还没有问他的时候,他非常干脆、爽快地告诉了"我";第二句意思是他没有经过其他环节,就把情况告诉了"我"。所以,"直截告诉"相当于"爽快地告诉","直接告诉"就是"越过有关中介或环节告诉"。

指示｜指使

[错例] 那个所长肇事后驾车逃逸，致人死亡，并且指示他人作伪证，然而在刑警提供的铁的证据面前，他不得不低头认罪。

【诊断】

"指示"应为"指使"。音近义近致误。两个词都有发出指令让别人去做某事的意思。如果不对词义的侧重点和适用场合仔细分辨，很容易误用。

【辨析】

"指示"和"指使"都可以作动词用。"指示"表示上级对下级提出处理某项任务的原则和方法，"指使"表示出主意差遣别人去从事某种活动。两者主要适用于人。除此之外，"指示"还可用于其他事物，如地图、路标、红绿灯等，义为"指明给人看"。例如"路牌指示错了"。"指示"还可以作名词，指上级机关或领导对下级发布的指令性意见或文件，如"领会指示精神"。这些都是"指使"所没有的。两个词语容易混淆的情况，主要是当它们都作动词并用于人的时候。此时它们的主要区别表现在：

第一，词义侧重不同。"指使"重在"使"，强调促使人采取行动；"指示"侧重"示"，强调使人清楚，弄明白。

第二，感情色彩不同。"指使"通常是在暗中进行的，差遣别人去干的一般也是非正义或不正当的活动，所以"指使"是一个贬义词。"指示"指上级对下级提出口头或书面的意见，所以是中性词。

第三，组合情况不同。都能带名词性宾语，如"指使手下""指示部队"。还能构成兼语词组，如"指使别人干坏事""指示部队继续前进"。这是相同之处。但是，"指使"可以用于被动意义的句子，如"我不愿被指使""他受别人指使干了坏事"。"指示"不能这样用。

【正例】

①但是她还是不折不扣地执行指导员的指示——给我端来一碗粥和两个窝窝头。（从维熙《走向混沌》）

②当初袁婕揭发了他，袁大头指使人打断了他的腿，他都没有忘了和袁婕的旧情。（顾威《风急天高》）

链接：指"示"和指"使"

"示"，会意字。小篆字形上为"二"，下三竖。"二"是古文"上"字，三竖代表日月星。《说文解字》解释："天垂象见吉凶，所以示人也。"即天象将凶吉告诉人。后来引申出显示、让人看的意思。

"使"，形声字，从人，吏声。从人表示人的动作行为，本义为命令。《说文解字》解释："使，伶也。"伶，即"令"，"命令"的意思。现在"支使"就是命令人去做事的意思。

"示"是让人看，叫人明白；"使"是命令人去行动。从这两个字的不同，我们可以看出："指示"是要接受者看到发出者的意图，明白其要求，主要目的不完全在于命令接受者去采取行动；"指使"的目的却全在于命令接受者采取行动。

质疑｜置疑

[错例]今年6月初,大兴煤矿被颁发了今年的"安全生产许可证",越来越多的人开始置疑许可证发放的合理性。

【诊断】

"置疑"应为"质疑"。音同义近致误。两个词都作动词,而且意思都和疑难问题有关。在表达提出疑问或怀疑的时候,经常会出现随意混用的现象。其实,两个词的意义和用法还是有区别的,要加以分辨。

【辨析】

"质疑"和"置疑"的区别主要在词义和组合能力上,具体情况如下:

第一,表示意义不同。"置"为"搁、放"的意思,"置疑"义为"加以怀疑",表示对某一事物或问题心存怀疑。"质"为"询问"的意思,"质疑"即"询问疑难、提出疑问",不仅是心存疑问,而且提出来希望得到解答。

第二,组合能力不同。"置疑"不能单独用,与其他词语的结合能力也很弱,往往要在前面加上否定词,用否定方式来表达意义,如"不容置疑""不可置疑""毋庸置疑"等。"质疑"组合方式要灵活得多,既可以用否定形式,也可以用肯定形式表述意义。既可以利用介词"对(于)"把宾语提前(如"对这个结论质疑"),也可以自身充当介词的宾语(如"对于别人的质疑"),也可以在后面带上各种形式的宾语(如"质疑厂家""质疑为什么不允许我去")。

第三，主观倾向不同。从说话人的角度来看，常用"否定词＋置疑"的格式，表明置疑者所持怀疑是不必要的、多余的，而"质疑"对于提出疑问者来说则是必要的、有意义的。

【正例】

①尤其是 1954 年召开的苏联第二次作家代表大会对文艺的行政命令、官僚主义，文学创作的模式化和"虚假"作风的质疑，显示了苏联文坛的一种企图"复活"俄苏近现代文学另一种曾被掩埋、被忘却的传统的努力。（陈思和《中国当代文学史》）

②我以一个小学生的理解力，将父亲那番话理解为对我的一次教导，一次具有征服性的教导，一次不容置疑的现身说法。（梁晓声《父亲》）

链接："质"与"置"

"质疑"中的"质"，意思为"询问、就正"，这个关键字表明了"质疑"是有疑而问，希望得到正确答案。

"置疑"中的"置"意思为"搁、放"，即在原本没有东西的地方"放"进东西的意思。这样，"置"疑也就是强加怀疑的意思。与"置疑"相似的还有，"置辩（强行争辩）""置喙（强行插嘴评说）"等。所以对于表达者来说，强加的、不必要的怀疑，当然是要否定的。因此，"置疑"就常出现在否定结构里。

"质"是"问明以就正"，"置"是"强行加上"。把握好"质"和"置"两个语素的意思，有助于弄清"质疑"和"置疑"的区别。

终生┃终身

[错例] 冯某某在近三年的时间里疯狂抢劫、强奸，经一审法院审理，判处他无期徒刑，剥夺政治权利终生。

【诊断】

"终生"应为"终身"。音近义近致误。两个词都可以解释成"一生""一辈子"，其实意思上还是各有侧重，使用场合也有不同。

【辨析】

"终生"是指人从出生到去世整个阶段。"终身"的"身"可理解为某种身份，"终身"指具有某种身份后直至去世的一生。从是否与社会身份有关、是否等于一生这两个方面来看，两个词的使用大致分几种情况：

第一，只用"终生"的情况。如果指从出生或者小时候到去世这个阶段，而且与社会身份没有关系或关系不大，一般用"终生"。如一个人从小就不吃肉食，一直到老，应当说"终生吃素"。

第二，只用"终身"的情况。如果涉及人的某一社会身份，而且拥有某种社会身份的时间明显不等于人的一生，那么必须用"终身"而不用"终生"。如"一日为师，终身为父"是从某人"为师"那天开始的。"终身总统"是从当选总统那天算起的。"终身大事"指男女婚姻，自然得从达到婚龄算起，同理，"终身不娶"或"终身不嫁"也不是从出生之日说起的。为某种信念"奋斗终身"，也得从确立这一信念之日算起。

第三，"终生""终身"两可的情况。如果"终身"所表示的拥有某种社会身份的时间大致等于人的一生，那么既可以用"终生"，也可以用"终身"。此时，怎样选用往往具有一定的倾向性。如"终身／终生教育""终身／终生学习"，如果用"终身"则倾向指人生某个阶段（如学龄阶段）开始直到去世，如果用"终生"则倾向指从出生到去世整个一生。

【正例】

① 长时记忆是对短时记忆的内容进行加工练习的结果，也有印象特别深刻的、一次达成而多年或终生不忘的长时记忆。（严和锓《医学心理学概论》）

②"这件事总得慢慢儿地商量，现在只要你把书念得好好儿的,让大爷乐了,你的终身大事那就是铜打铁铸的了。"（张恨水《啼笑因缘》）

链接：为什么称剥夺政治权利"终身"？

根据我国法律，对于罪行严重被判以死刑或无期徒刑的犯罪分子，同时也会有"剥夺政治权利终身"的判决。

为什么要用剥夺政治权利"终身"呢？一是因为与其死刑或无期徒刑罪犯身份有关；二是因为其罪犯身份是判决以后获得的，"剥夺政治权利"的时间是从这时算起的。

另外，所谓的政治权利有些并不随着生命的结束而结束，如著作发表权。中国的著作权法规定,公民的作品,其发表权、使用权和获得报酬的保护期,为作者终生及其死后五十年。如果是"终生"剥夺，那就只到生命结束为止，后面就又有了发表权。而用"终身"剥夺，"其死后五十年"也被剥夺了著作发表权。

终止｜中止

[错例] 足球比赛正在进行着，突然下起了大雨，主裁判不得不鸣笛终止了比赛。半小时以后雨停了，比赛才得以继续进行。

【诊断】

"终止"应为"中止"。音同义近致误。两个词都有"停止"的意思，但停止的情况并不完全相同。因为忽视同音字"终"和"中"的区别，而造成混用。

【辨析】

"终止"和"中止"都是"停止"的意思，都作动词，在实际使用的时候要注意以下几个方面的区别：

第一，停止的时机不同。"终止"重在"终（终了）"，即事物发展或动作行为最终停止。"中止"重在"中（中间）"，即动作或事情中途停止。也就是说"终止"是整个过程完成以后才停止，"中止"是在过程当中还没有到最后完成就停止了。

第二，事后的结果不同。"终止"以后，原来动作或事件作为一个完整的过程已经结束，不会再继续，只可能另外开始一个新的进程。而"中止"以后，可能会在某种条件下继续原来的进程，也可能不再继续，但整个过程是没有完成的、不完整的。

第三，法律意义上的不同。在法律上，"终止"和"中止"是一对很重要的概念。"终止"就是结束，不再恢复。如在执行程序中，由于出现某些特殊情况，执行工作无法继续进行或者没有必要继续进行时，即应停止执行程序，以后也不再恢复，这叫作"终止执行"。"中止"是暂停，待中止事由消除后应恢复到原来状态。同样在执行过程中，因为某种特殊情况的发生而使执行程序暂时停止，这叫"中止执行"，待这种情况消失后，执行程序再继续进行。

【正例】

①拾荒的趣味，……在下一分钟里，能拾到的是什么好东西谁也不知道，它是一个没有终止，没有答案，也不会有结局的谜。（三毛《拾荒梦——永远的夏娃》）

②她的复出使庄老太爷对她那中止了的仇恨又复活了，他甚至暗自抱怨起庄绍俭为什么不把她一瓶子砸死。（铁凝《玫瑰门》）

链接：一道高考试题

2004年高考语文试卷吉林、黑龙江、云南卷有一道试题，要求从"终止"和"中止"两个词中选择最恰当的一个填入句子的划线处："岗位培训改变了只在学校接受教育的状况，一个人离开学校并不意味着学习的____。"

这里应该选择的是"终止"。整个句子的意思是说，人离开了学校之后，还可以参加岗位培训，继续学习，学习并没有结束，也就是并没有"终止"。

住地｜驻地

[错例] 这次我们到延安旅游，参观了杨家岭当年中共中央机关住地，真切地感受了革命战争那个年代先辈们火热的战斗生活。

【诊断】

"住地"应为"驻地"。音同义近致误。两者都指人们的居留之所，根据居留功用和居留主体不同而有所分工。不过有时也可能重合，不容易分辨。但是大多数情况还是能够区别的。

【辨析】

"住地"和"驻地"可以从以下方面去区分：

第一，功用不同。"住地"指居住之地，泛指一般人居住的地方（具有临时性，一般不把家庭住址叫作"住地"）。可以指普通人在外地从事旅游、商务等活动所居住的地方。"驻地"指驻扎之地，指部队或外勤工作人员所留驻的地方。可用于部队、机关、办事处、使领馆等，是这些团体或组织留住那里进行工作的地方。"住地"是私人生活的场所，一般有完善的生活设施以供居住者生活使用；"驻地"是进行军事、公务等活动的场所，不一定有比较完全的生活设施，但一般有比较完善的工作所需的条件。

第二，主体不同。当主体是部队、机关、组织等的时候，一般用"驻地"，如"团部驻地""代表团驻地""摄制组驻地"。当主体表示人的名词或代词时，就要视情况而定。以代词"我们"为例，当"我们"是部队、机关等组织的成员时，可以说"我们驻地"；当"我们"只是作为一般的普通人的身份在此居留，就应该说"我们住地"。

另外，某个地方可能既是军队、机关等的办公之所，还是其中成员生活的地方，功用和主体可能难以分辨，这时就要看表达需要。如果是强调军队、机关的工作场所，就宜用"驻地"；如果是强调其中成员的生活场所，就宜用"住地"。

【正例】

①所以部队驻在一个地方，多则三天，少则一两天，就转移地方，使敌人摸不清司令部固定的驻地。（知侠《铁道游击队》）

②至于塔利班领袖奥马尔，据他的私人司机沙赫卜说，2001 年 10 月 7 日美军首次空袭阿富汗时，他与奥马尔同在坎大哈的住地。（叶永烈《9•11 之后的美国》）

链接："住"和"驻"

"驻"，形声字，从马，主声。本义为"马站立不动"。马是战车或骑兵的主要工具，马停下来了，战车或骑兵也就停下来了。"驻"于是引申出了军队驻扎的意思。

"住"，也是形声字。从人，主声。本义为"停留"。从字形可以看出，"住"最初就用于人，指人站住不动，后来由此再引申出了"居住"的意思。

可见"驻"一开始就属于军队，现在只不过扩大到了机关和其他一些团体组织而已。"住"当初就用于一般人的居住，现在也基本上这样用。

琢磨 | 捉摸

[错例] 他的那位同桌，最近行为有些怪异，经常做出一些令人难以琢磨的事情。

【诊断】

"琢磨"应为"捉摸"。音近义近致误。"琢磨"有 zhuómó 以及 zuómo 两个读音，都与"捉摸（zhuōmō）"相近。尤其是"琢磨（zuómo）"与"捉摸"都有对某一对象进行思考、猜测的意思，更加容易搞混，需仔细区分。

【辨析】

"琢磨"读 zhuómó 时，指雕刻和打磨玉石（如"切磋琢磨"），再引申为对文章、艺术品等进行加工而使之更加精美（如"文章还有待琢磨完善"），这种情况与"捉摸"不易出现混用。但是当它念 zuómo 时，表示反复思索、考虑之义，就容易和"捉摸"混淆。这两者的区别主要表现在：

第一，基本意思不同。"捉摸"是指揣测和预料，侧重于把握某一对象将要出现的状况；"琢磨"是指反复地思索和考虑，可能是为了猜测和预料，也可能是为了解决问题，寻求答案。

第二，适用对象不同。"捉摸"的对象往往具有多变性，多用于对人的脾性、言语及行为等的猜测，也用于对某种情况的预料。"琢磨"的对象往往是某个难题，需要专注地进行思索探究。

第三，搭配情况不同。"捉摸"一般出现在表示否定意思的短语或句子中，如"难以捉摸""不可捉摸""捉摸不定"等。"琢磨"经常受"仔细""认真""反复""再三"等词语修饰；可以带宾语，如"琢磨这件事"；后面还可以跟表示时间或频率的词语，如"琢磨一下""琢磨再三""琢磨了半个月"等。"捉摸"在搭配组合上远没有"琢磨"灵活。

【正例】

①更使他难堪的，是他琢磨出点意思来：她不许他去拉车，而每天好菜好饭地养着他，正好像养肥了牛好往外挤牛奶！（老舍《骆驼祥子》）

②好像这学校很广大，几乎没有边际，他现在处在学校的哪一方，哪一角，实在不可捉摸。（叶圣陶《倪焕之》）

链接："捉摸不透"还是"琢磨不透"？

某词典"捉摸"词条下举的例子是"捉摸不透"。"透"义为彻底、清楚，"不透"就是不彻底、不清楚。"不透"作为补充说明的成分，用在"捉摸"后面，这样搭配比较勉强。

"捉摸"的目的和结果在于把变动不居、难以预料的情况把握住，而并不侧重于把某个问题深入细致地弄明白、弄透彻。所以，"捉摸不透"的说法并不妥当。而"琢磨"正好侧重于通过反复思索探求以达到把问题彻底弄明白、弄清楚的目的，因而可以说"琢磨透"和"琢磨不透"。这个例子如果换成"捉摸不定"就没有任何问题了。

自恃｜自持

[错例] 刘某自持喝过几年墨水，信笔写了张借据，后来赔掉数千元。

【诊断】

"自持"应为"自恃"。形近义混致误。两个词都指自己的某种行为，但一个是自"持"，一个是自"恃"，意义完全不同。

【辨析】

"自恃"和"自持"可以从以下几个方面进行辨析：

第一，基本意义不同。"自恃"和"自持"都是倒装形式，"自恃"即"恃自"，"自持"即"持自"。"恃"义为"倚仗"，"自恃"是倚仗自己某一方面的优势，有过分自信而骄傲自满的意思。"持"义为"把持、控制"，"自持"是指控制自己的欲望或情绪。

第二，感情色彩不同。"自恃"有过分自信而骄傲自满或自负的意思，又有倚仗的意思，如"自恃功高"就是指倚仗自己的功劳大，因此含贬义。"自持"是一个中性词。

第三，语法功能不同。两个词语都是动词，但"自恃"通常要带宾语，如"自恃强大""自恃聪明"。"自持"一般不能带宾语，但可以组成"自持力"，表示"自持的能力"，相当于"自控力"。

【正例】

①他选中了管秀芬，作为他重点活动的对象，但管秀

芬自恃年青漂亮，态度傲慢，孤芳自赏，目中无人，是一朵带刺的娇艳的蔷薇。（周而复《上海的早晨》）

②泪水洒在黄土上，他不能自持，倒了下来，躺在新月将长眠的地方，没有力气再起来了，不愿意离开这里了！（霍达《穆斯林的葬礼》）

链接："持"和"恃"

"恃"和"持"都是以"寺"为声符的形声字，但义符的不同使它们在音和义上有所区别。

"恃"从忄（心），有依赖、倚仗的意思，如《说文解字》："恃，赖也。"也许是古人觉得依赖、倚仗主要是一种心理上的感觉吧，所以就让它从"心"。我们现在说某人"恃强凌弱"，就是说他依仗强大，欺侮弱小。又讲某人"恃才傲物"，仗着自己有才能，什么都不放在眼里。这些"恃"字都是依靠、倚仗的意思。

"持"从扌（手），其本义是"握"，这是手的动作。"持"字在本义的基础上还有许多引申义，构成一个比较复杂的义项系统。由"拿着、握着（如持枪）"可引申出"掌握、控制、主管"等义，如"把持朝政、持论公允、主持、操持"等；由"控制"之义又可引申为"约束"，如"持身严正"；由本义引申也可指"支撑、支持"，如"坚持、持久、保持"等；由此引申义又可继续引申出"抗衡、对抗"之义，如"相持不下"等。

由于"恃"字义项单一，而且意义自古以来没有太大的变化，所以"自恃"一直表示"仗着自己某方面的长处"的意思。"持"字义项较多，"自持"的不同用法也较多，可以指"克制自我""把握自我""坚持自我"等义，但在现代常用的主要是"克制自我"这一义项。

阻击 | 狙击

[错例] 对于疯狂肆虐的非典，我们要坚决打好狙击战，坚守岗位，严防死守，切断传染渠道和消除传染源。

【诊断】

"狙击"应为"阻击"。形似义近而致误。"狙击"与"阻击"同为军事术语，含共有语素"击"，都有打击对方目标的意思。一般人缺乏相应的军事常识，很容易混淆。

【辨析】

两个词都是动词。"狙击"是指"以单枪或单炮隐蔽、突然、准确地射杀敌单个或小群目标的战斗行动"。"阻击"是指"以兵力、火力阻止或迟滞敌人前进的战斗行动"。两者差异在于限定语素"狙"和"阻"。主要区别有：

第一，战斗目的不同。"阻击"行动是要达到阻敌前进、断敌退路或掩护主力部队行动的目的；而"狙击"行动则是要达到射杀敌人单个或小群有生力量的目的。

第二，战斗规模不同。要达到"阻击"行动的战术目的，通常应当投入至少与敌方力量相当或占优势的兵力和火力；而"狙击"行动通常是以单兵或战斗小组为作战单位来实施的，可以不考虑对方的人数和力量。

第三，战斗主动性不同。"狙击"，一般隐含狙击方的攻击具有主动性，而另一方则较被动的意思；"阻击"，则隐含阻击方是在另一方的强烈进攻下被动防守以阻止另一方进攻的意思。

第四，战斗形式不同。"阻击"行动是双方公开的对抗和较量，而"狙击"行动则是一方隐蔽地射杀另一方。

在日常生活中，随着社会的发展，这两个专业术语的语义也慢慢泛化，经常用于社会生活各个方面，比喻几乎所有领域存在的对抗活动。要用好这两个词，也要从它们作为军事用语的基本特点出发，尤其注意从主动性、方式、目标等方面去区分。

【正例】

①同时派了野战军的一部和绥德分区警备四、六两团，在横山以西阻击靖边东北的三十六师。（柳青《铜墙铁壁》）

②你们独立团要大胆深入敌后，隐蔽穿插至腰站一带，准备狙击灵邱和涞源增援之敌。（魏碧海《平型关大捷》）

链接："狙"击

狙，从其偏旁"犭"可知原指一种动物，即猕猴。

由于"狙"聪明、灵巧，而且善于偷袭，因此又引申为"狡诈""窥伺""觊觎"。如，《管子·七臣七主》："从狙而好小察，事无常而法令申。"尹知章注："狙，伺也。"于是有了暗中偷偷观察，伺机下手的意思。这样，由"狙"构成的"狙击"，也就指暗中埋伏、伺机袭击敌人的意思。最早见《史记·留侯世家》："良与客狙击秦皇帝博浪沙中。"伏击者被称为"狙击手"。

图书在版编目（CIP）数据

词辨百话 / 曹志彪，何伟渔著 . -- 上海：上海文化出版社，2018.7（2024.7 重印）

（咬文嚼字文库 . 慧眼书系）

ISBN 978-7-5535-1253-2

Ⅰ . ①词… Ⅱ . ①曹… ②何… Ⅲ . ①汉语－词语－辨别 Ⅳ . ① H136

中国版本图书馆 CIP 数据核字 (2018) 第 119213 号

词辨百话

曹志彪 何伟渔 著

责任编辑：蒋逸征
装帧设计：王怡君

出　版：上海文化出版社　上海咬文嚼字文化传播有限公司
地　址：上海市闵行区号景路 159 弄 A 座 2—3 楼
邮　编：201101
发　行：上海市闵行区号景路 159 弄 A 座 206 室
印　刷：上海景条印刷有限公司
规　格：889×1194 1/32
印　张：6.75
版　次：2018 年 8 月第 1 版 2024 年 7 月第 9 次印刷
书　号：ISBN 978-7-5535-1253-2/H.015
定　价：29.00 元

告读者：如发现本书有印刷质量问题请与印刷厂质量科联系
电　话：021-59815621